JN025713

組織が変わる

行き詰まりから一歩抜け出す対話の方法2 on 2

埼玉大学 経済経営系大学院 准教授
宇田川元一

ダイヤモンド社

はじめに

抜本的な変革は本当に必要か？

「おまえの言うことは学者の戯言《たわごと》だ」

小さな会社の経営者だった父とは、多くの議論をしてきました。

私が大学院で経営学を研究するようになると、父はときどき私に相談するようになりました。

苦労している姿を知っていた私は、何かの役に立ちたいと、いろいろアドバイスしましたが、よく言われたのは冒頭の言葉でした。

「学者の戯言」と言われた瞬間、背筋が凍りつきました。

自分がこれまでやってきたことがすべて否定された感じがして、とても腹が立ったのです。

でも、少し時間が経って考えてみると、父の言ったことは正しいところもありました。

当時の私は、学問的に正しいか否かからしか見ていなかった。しかし、経営の最前線にいた父には、私のアドバイスはなんら役に立つものではなかった。その現実を目の当たりにして以来私は、経営者や企業現場で働く人たちにとって、「役に立つ」とは一体どういうことかを考えるようになりました。17年前に他界した父に、自分はどうしたら一番よかったのかと考えながら、今日まで研究を続けてきたように思います。

「役に立つ」には、大きく分けて2つあると思います。

一つは、当事者が置かれている状況がどんなものか、わかるようにすること。

もう一つは、当事者が目指すところに対して具体的なプロセスを提示し、はじめの一歩が踏み出せるようにすること。

自分なりの理想ややりたいことがあっても、思うように進まないと、なぜそうなってしまったのか、よくわからないことがあります。

新しいことに取り組もうとしているのに、周りの人たちが思うように動いてくれないとき、そもそも周りの人たち自身のやる気がないのか、それとも責任感が欠如しているのかと考えがちです。また、それならばと、もっとやる気のある人を他部門や外部に求めますが、人員調達もなかなかうまくいかず、行き詰まってしまうこともあるでしょう。

こんなとき、自分が置かれているのがどんな状況なのか。他者を交えて考えてみると、その状況が生じている理由が少しずつ見えてきます。

「自分は、周りの人たちにどんな説明をしたのか？」

「それでも、少しだけ周りの人たちが動いてくれたときはあったか？」

などを考えてみると、

「そもそもどんなことをやろうとしているのか。どう動いてほしいのか。周りの人たちにきちんと説明してこなかった現実」が見えてきます。

そうなると、次に何をしたらいいか見えてきて、周りの人たちのやる気の有無のせいにせずに、具体的に手を打てるようになるのです。

私は前著『他者と働く――「わかりあえなさ」から始める組織論』（NewsPicksパブリッシン

グ）で、現場の人たちの役に立つ考え方を提示したいと思いました。
組織内で新規事業をつくりたい、よりよい仕事の仕方を取り入れたい、変革を起こしたいと思うと、複雑でやっかいな問題に直面します。そうしたときに、まず自分から何ができるか。前著では、一つひとつ問題を解きほぐしながら、具体的に講じられる一手を考えながら進むこと。つまり、対話的に着実に進むための考え方を述べました。

おかげさまで、初の著書にもかかわらず、「日本の人事部『ＨＲアワード２０２０』書籍部門最優秀賞」を受賞するなど、想定外の反響がありました。

しかし、そうした中で気になる感想も少なくありませんでした。

それは、「この本を上司（あるいは部下）に読ませたい」というものです。

この言葉の裏側には、「自分ではなく相手に変わってほしい。相手に対話ができるようになってほしい」という願望が込められているように思います。

私自身、前著で「まずは自分から対話に挑んでほしい」と呼びかけたつもりだったので、このような感想が寄せられたのは意外でした。しかし、このギャップにこそ企業現場の人たちにとっての切実な課題があるのだとわかりました。

つまり、現場の多くの人たちは、「確かに対話は大切だ。でも、どうやって対話を始め、継続するのかわからない」のだと気がついたのです。

そのためにできることは、まず、対話に取り組む必然性と考え方をわかりやすく示しながら、具体的な対話の方法を提示することです。この本は、そのために生まれました。

今、日本は「衰退」という明治期の近代化以降初の経験をしています。

人口減少と高齢化が着実に進展し、地方経済の衰退は著しいものがあります。私は大学の教員として九州で9年間勤務していましたが、ある程度知られている商店街でもシャッター街になっている光景に大きなショックを受けました。

こうした日本の衰退は、九州だけでなく全国的に進んでいます。

しかし、衰退は急激に訪れるのではなく、変化のスピード自体は極めて緩やかです。そのため、変化の実感は乏《とぼ》しく、昨日と今日と明日はそんなに変わらないのですが、3年前や5年前と比べると確実に変化しています。

これは企業においても同じです。

多くの企業で実際に起きているのは、明日にも倒産かという切羽詰まった事態というより、売上高1兆円企業の売上が、毎年150億円ずつ減少していく類《たぐい》の危機です。

企業変革の現場にいる人たちは、その変化に気づいています。誰もこのままでいいとは

思っていません。そんな人たちと話をすると、

「先生、だからこそわが社は、今こそ抜本的な変革が必要なんです」

と熱く語ってくれます。

しかし、はたして今考えるべきことは「抜本的な」変革なのでしょうか？

過去30年間、このままでは既存の産業や企業が衰退することは、誰でも予想できた問題です。しかし、今日まで、これといった手を打ってこなかったことによって、今のような閉塞感に至っているのです。つまり、「放っておくと悪くなるけれど、どこから手をつけたらいいかわからないのでそのままにしていた」から今の事態に至ったのではないでしょうか。

私は、こうした状況を「**組織の慢性疾患《まんせいしっかん》**」と呼びたいと思います。

慢性疾患とは「根治は難しいが、寛解《かんかい》（症状が落ち着いて、安定した状態を保てる）を目指す」類の病です。

具体的には、新しいことに取り組んでも社内の協力が得られずなかなか進まない、会議で誰も発言しない、納期の遅れが頻発している、病欠者や離職者が多いなどが挙げられます。

これらを抜本的に変えようとする、つまり根治させようとするアプローチは正しいのでしょうか？

むしろ、もっと考えるべき重要なことがあります。

この本では、組織における行き詰まった状況を「**組織の慢性疾患**」、その状況と自身の関わりに気づき、慢性疾患に一歩ずつ取り組み続けるプロセスを「**セルフケア**（自分自身をケアすること）」と捉え、膠着《こうちゃく》した状況を動かすヒントをつかむ「**2《ツー》 on《オン》 2《ツー》**」という対話の方法を初めて紹介します。

この対話の実践を通じて、組織が変わることを実感していただけたらと思います。

組織が変わるとは、あなた自身のみならず、周りのメンバーが見えている組織の風景が変わること、組織の中の様々な出来事の意味が変わることです。

なぜ、このような対話の方法を本にしようと思ったのか。

それは私の研究領域である企業変革やイノベーションの推進において、地に足のついた変革を一つひとつは小さくとも着実に進めることが、大きな変革につながると考えているからです。その取り組みを重ねていくと、各々が見えている風景が変わっていきます。

イノベーション推進の現場で実際に行われている一つひとつのことは、とても小さく、かなり地味なことです。

- 「本当に売れるの？」という社内の不安を一掃するため、決裁者の側近にそれとなく根回しをして、ポジティブな情報をインプットしておく
- 推進したい新サービスのプロジェクトに対して、人事部と優秀な中堅人材の異動の調整を図る
- 予算をかき集めるために、部門の費消可能な予算を確認する
- 研究開発部門に協力を得るため、社会勉強会を開いて活動を広報し、自分たちの味方を増やす

華々しい成果に結びつくまでのプロセスは、相手と対話を積み重ねていく地味な取り組みの連続です。

よいアイデアと思っていたものが社内を通過できないこともあれば、企画が通っても市場で淘汰されることもあります。でも、そうした一つひとつの関門に向き合って乗り越えていくことで、少しずつ光が差し込み、気がついたら当初想定していたものより反響があることもあります。

この構図は大手企業でも、スタートアップ企業でも同じです。地道な対話の積み重ねがイノベーションを生み出すことにつながるのです。

世の中には、イノベーションの方法論はいくつかあります。しかし**問題を解きほぐして、捉え直す方法論は意外にない**のです。

つまり、みんな「何が大事なのかはわかるが、どうやったら実践できるかがわからない」のです。

問題の当事者が「どうやったら実践できるか」という問題を解くには、当事者自身が問題を解きほぐす方法論が不可欠です。

これが組織の慢性疾患へのセルフケアです。セルフケアになかなか着手できないのは、気持ちの問題だけではありませんし、怠惰だからでもありません。どこから手をつけたらいいか、具体的な方法がわからないからです。

この本で紹介する「2 on 2」という対話の方法は、各企業で実践を重ねながら、「ナラティヴ・セラピー」などケアの領域の研究をもとに考え出したものです。

問題を一気に解決するのではなく、一歩ずつ問題に向き合って物事を前へ進めていく対話的な取り組みをどうしたら実現できるか。私なりに研究してきた内容をみなさんとわかち合いたいと思います。

弱いシグナルを検知し、積極的に対応する「マインドフルな組織」

組織の慢性疾患へのセルフケアを積み重ねると、組織はどう変わるのでしょうか。

組織理論研究の大家であるカール・E・ワイクは、新たな理解をもたらすような断片的な手がかりに気づき、意味を紡《つむ》いでいくプロセスを**センスメイキング**（sensemaking）と名づけました。

しかし、なによりもそのプロセスをスタートさせるには、組織のちょっとした変化や意外な出来事に対して「これは一体何だろう？　何が起きているのだろう？」と探索的な姿勢で勘を働かせていくセンサーを鍛えておく必要があります。

その探索を行っていくことで、新たな組織の風景を見出していくことができるようになります。

こうしたことを積み重ねていくと、「マインドフルな組織」になると、ワイクは『想定外のマネジメント〔第3版〕――高信頼性組織とは何か』（共著、文眞堂）の中で述べています。

マインドフルな組織とは、放置すると大問題につながる可能性がある「**弱いシグナルの**

重要性を理解し、積極的に対応する能力を保つ組織」のことです。

「セルフケアができる組織」とは、「マインドフルな組織」と言い換えられます。つまり、**小さな問題への対処を積み重ね続けることで、大問題に発展しないようにしている**とも言えるからです。

しかし、そのことは重要だとわかった。では、どうやったらそうなれるのか。この部分に、多くの方々は困っているのだと思います。

マインドフルな組織をつくり、維持するセンサーを鍛える具体的な方法が必要です。この本で紹介する「2 on 2」という対話の方法は、そのトレーニングとして有用なのです。

組織の慢性疾患に対処するミドルの役割

この本は、おもに企業で働くミドル・マネジャーを想定して書きました。

その理由は、組織の慢性疾患がミドルという立場に表現されやすく、問題を実感しやすい立場だからです。

それは裏を返せば、ミドルの方々こそ、組織の慢性疾患に対してセルフケアを実現していくと、変革の手応えが一番実感できるのです。

慢性疾患には、日々途切れなくその病とつき合わざるをえないイメージがあります。事実、組織で働く多くの人たちは、身体感覚を伴いながら、組織の慢性疾患の痛みに苦しんでいるのではないかと思います。

組織の慢性疾患へのセルフケアを行えないことが、今日の企業社会をいわば「問題解決策依存症」へと陥らせているのではないでしょうか。

何かガラッと企業を変えてくれる手法はないのかと、次々と現れる問題解決手法やコンサルティングサービスに飛びついてはまたダメだったと徒労感に見舞われる。すると徐々にあきらめが蔓延し、それを紛らわすために違う解決策を探しさまよう人たちの姿を目にすると、本当にいたたまれなくなります。

「問題解決策依存症」とは、手のつけどころがわからない複雑な問題に対し、手近にある解決策を取り続けている状態のこと。でも、自分たちで手を携えてやっかいな問題にも手をつけられるのだと実感が湧いてくれば、この依存症から回復することができます。そして、確かな変革への手応えを感じながら歩み始めることができるのです。

だからこそ本書を通じて、ミドルの方々には、以下のような効果を実感してもらえたらと思っています。

1. 自分も相手も見えている風景が変わる
2. 自分でしょいこんでいた荷物をおろす方法がわかる
3. 人の力を借りられるようになる
4. ひとりで悩まなくなる
5. 4人1組の「2 on 2」で言語化できないモヤモヤの正体が現れる
6. 上司と部下が協力し合える
7. 組織が変わる

これらの実感を得られるよう、組織の慢性疾患へのセルフケアを、手応えを感じながら実践できるようにする。そして、セルフケアし続けられるようになる。それが本書の目指すものです。

一体、この先どうしたらいいのかと途方に暮れる組織のやっかいな問題の中にこそ、ぜひ希望を見出してください。その対処方法をこの本でつかんでいただけたら幸いです。

2021年3月

宇《う》田《だ》川《がわ》元《もと》一《かず》

組織が変わる——行き詰まりから一歩抜け出す対話の方法2 on 2

目次

Contents

はじめに　3
抜本的な変革は本当に必要か？　3
弱いシグナルを検知し、積極的に対応する「マインドフルな組織」　12
組織の慢性疾患に対処するミドルの役割　13

第1章

Chapter.1

組織で対話が必要な理由　27

1 正体不明の組織の閉塞感は、何が原因なのか　28
2 誰かすごいリーダーがきて、組織を変えてくれるのか　32
3 組織の慢性疾患を改善する方法論「対話」とは　35
組織の慢性疾患を発見する対話　39
他者は、私とは違う現実を見ている存在　40
あのトヨタが「マインドレスな組織」に陥った5つの理由　42
column
センスメイキングとは、
小さな違和感に対して探索を行い、新たな意味を生み出していくプロセス　47

第2章

Chapter.2

組織が抱える慢性疾患へのアプローチ 49

1 そもそも組織の慢性疾患とは何か 50
慢性疾患にはセルフケアが欠かせない 50
組織が抱える慢性疾患の例 52

2 組織の慢性疾患「6つ」の特徴 54
1 ゆっくりと悪化する 54
2 原因があいまいで特定できない 55
3 背後に潜んでいる 56
4 後回しにされがちである 57
5 既存の解決策では太刀打ちできない 58
6 根治しない 58

3 組織の慢性疾患への4つの対処方法 62
1 危機感は生まれにくいことを自覚する 62
2 セルフケアのための対話を心がける 64
3 問題を単純化しない 65
部下が自分から動けないメカニズム 67
着手ポイントを見つける2つのステップ 69

4 セルフケアを継続して行う上司の心得 71
すれ違いや困ったことが起きたときこそ、対話のチャンス 72

4 **慢性疾患へアプローチする際の注意点** 74
1 組織の慢性疾患のポジティブな意味とは 75
慢性疾患を対話的に解きほぐす 77
2 恐ろしい合併症のリスク 78
「心理的安全性」の罠 79

column
足元からの変革を積み重ねていくことで、組織の風景は変わる 82

第3章
Chapter.3

対話とは何か 83

1 **そもそも対話とは何か** 84
対話に必要な4つのステップ 86
問題と部下たちの見え方が大きく変わる瞬間 91

2
対話の3つのスタンス 93
対話の際に心がけたい3つのスタンス 95
対話は「ナラティヴ」を変容させる実践 99
自分とは異なる他者のナラティヴとの間に橋を架ける発想 101
まず、相手のナラティヴに巻き込まれてみる 104
自分の喜怒哀楽を大切にしよう 106
対話とは何だろう? 108
自分も問題の一部かもしれない 109

3
対話とは、わかり合うことを目指すものではない 111
対話はわかり合うことが目的ではない理由 113
押しつけがましい「対話」は、対話ではない 115

4
対話を通じて、もっとよい助け方を身につける 118
問題は責任感の欠如ではない 119
他者との依存関係を構築できるか 122
同じような悩みを抱える話し相手を見つける 123
自分の感情、心の動きをひも解いてみる 125
問題は複雑な背景を持って出てきている 127
「なぜ?(why)」と問わない理由 129
他者とともに問題に向き合っていく姿勢 131

5 対話の過程で生じることに向き合うと見えてくるもの 132
マネジャーがトップの悩みを想像してみると…… 133
「同じ方向を向くことが大切だ」に反論する 135
同じナラティヴを生きていなくても、ともに仕事はできる 137
新しいナラティヴが生まれる瞬間 140
column 他者を交えて対話することに意味がある 141

第4章 Chapter.4 新しい対話の方法「2 on 2」とは何か

143

1 2 on 2は対話モードで問題に向き合うための方法論 144
2 on 2が有効になる兆候 146
何に困っているかよくわからない大問題 148
2 on 2の独特な問題の掘り下げ方 149

2 2 on 2は4人1組で行う 150
（1）2 on 2を進める6つのステップ 150
（2）2 on 2実施の注意ポイント 156

3

2 on 2を実際にやると、どうなる？ 165

登場人物 165
αチームの1ターン目 166
βチームの1ターン目 168
αチームの2ターン目 170
βチームの2ターン目 172
問題に「ソンタック」という妖怪の名をつける 174
「ソンタック」発見後の気づき 176
素直に自分の感情を交えて話すように変わった 177

第5章

Chapter.5

2 on 2の何が効果的か 179

2 on 2の体験者に聞く

言語化できないモヤモヤの正体が、形になって現れる 180

言語化できないモヤモヤが形になる衝撃の「反転の問いかけ」 182
1 on 1より、2 on 2が有効!? 184

妖怪「一つ目小僧」のぼやき 185
2on2がなければ気づけなかったこと 186
「2on2」と呼ばず、「ネガティブ感情共有ワーク」にした理由 187
そこに「妖怪」がいると認識することが会社を変える一歩 189

2on2の共同開発者に聞く

組織の見えない問題があぶり出される画期的な方法 191

2on2が生まれた背景 193
2on2の意義 194
2on2は同じ職場同士でやるのが一番 195
組織で導入するコツ 196

体験者と共同開発者インタビューから見えてきたこと 198

自分の課題からスタート 198
1on1と2on2の違い 200

第6章

Chapter.6

2on2を実施する際にやってはいけない6つのこと

203

1 **2on2を実施する理由が共有されていない** 204
参加者にうまく呼びかける方法 207
2on2は問題解決を一度脇に置く 208

2 **すぐに問題解決策を言ってはいけない** 210
問題解決策を言ってはいけない理由 211

3 **全部周りのせい、他人のせいにしない** 215
カギを握るCさんとDさんの投げかけ 216
「反転の問いかけ」で困りごとの意味を発見する 217
有効な2つのアプローチ 219

4 **きれいに終わらせようとしない** 222

5 **周りの人たちは自分の話を始めない** 225

6 **目新しいだけで始めない** 228

第7章

Chapter.7

なぜ、2on2を開発したのか　231

1 対話を組織の中でどう実践していくか　232

『他者と働く』に寄せられた感想　232

自分では気づけないことを他者は簡単に気がつく理由　234

企業で対話を実践する難しさを痛感　235

2 2on2を設計するうえで重視したこと　238

時間がないから気軽にできる　238

成果を実感できるものに　240

何に困っているのかわかりにくい　243

目の前の問題は、背後にある問題を知らせてくれるアラート　244

他者の声や視点がとても重要になる理由　245

問題扱いせずに「問題を外在化」する　246

3 2on2が誕生した理論的背景　249

終章

Last Chapter

組織が変わるとはどういうことか 255

1 組織は物語でできている 257
2 その組織の物語がどう変わるか 261
3 小さくとも一歩を踏み出す 263

おわりに 265

謝辞 268

参考文献 270

第 1 章

組織で
対話が必要な理由

1

正体不明の組織の閉塞感は、何が原因なのか

日本経済は「失われた30年」と言われる低迷を続けています。日本企業には閉塞感が充満し、かつての自信や輝きは失われ、硬直化した組織の象徴として論じられることも少なくありません。この、なんとも言いようのない閉塞感がずっと重くのしかかっています。だんだんと会社の調子が悪くなってきていることには気づいているし、考えられる原因はいくらでも挙げられるが、これといって真因の特定はしにくい。そうこうしているうちに、状況は着実に悪化している。でも、何から手をつければいいのかよくわからない。そんな状況を感じている方は少なくないでしょう。

変革の必要性を論じるとき、「ＶＵＣＡの時代（将来の予測が困難な時代）」「不確実な変化が起きている」「先が読めない大きな転機にある」「スピードを上げなければ終わりだ」といった声もよく聞こえてきます。

突如意外なところから競合が現れたり、技術革新で急速に自社の主力事業が縮小したり、といった急激な変化に対しては迅速な対処が必要であり、今までの取り組みとは違う断続的な変革が必要です。

そうした問題が出てきたときには、必要に応じて事業構造や財務体質などの抜本的な変革に社運を賭けて取り組む必要もあるでしょう。

ただし、現実的にはこうした急激な変化に直面することは、そう多くはありません。ほとんどの場合は、昨日と今日と明日がそれほど大きく変わらない日常ながら、**長いスパンで徐々に確実に悪化している**といった変化ではないでしょうか。

たとえば、3年前や5年前と比較すると、明らかに会社の何かがおかしい、新たな取り組みが前に進まない、ギスギスして嫌だ、自分自身も仕事に行くのが前よりもつらくなってきたという実感を持つ方は多いのではないでしょうか。

問題の自覚はあっても要因が複雑にこじれてしまっているがゆえに、なかなか手をつけられないまま放置され、深刻な問題を招いたりして、長期的には結果的に大規模な変革を必要とする状況になってしまっているのです。

あなたの会社でも、次のような正体不明な組織の不調の諸症状で、当てはまるものはありませんか。

◎新規事業の立ち上げがうまくいかず、既存事業をジリ貧で継続している
◎苦しい状況なのに、現場からは新しいアイデアがほとんど上がってこない
◎業務のＩＴ化を進めると言っているが、何ひとつ進んでいない
◎職場に活気がなく、部署や階層間の連携も今ひとつ悪く、仕事を押しつけ合っている
◎つまらないミスが連発し、契約をキャンセルされるなどトラブルが相次いでいる
◎退職者が毎月のように出ている
◎職場では部下が育たず、上司がプレイング・マネジャー化しているが、一向に数字は上がってこない
◎経営者、人事、経営企画部門が改善に尽力するものの、各部門は本社のせいにして、誰も自主的に動いてくれない

こうした閉塞感＝慢性疾患は一体どうして生じるのでしょうか。

これは、組織の成長の代償なのです。大手企業であってもベンチャー企業であっても経験する成長の副産物と言えます。

企業が成長すれば、今までの事業を繰り返す組織の慣性力と、新しい事業との間に方向性の食い違いが生じます。

この食い違いが積み重なると、大きな閉塞感として手のつけどころがわからない慢性疾患になっていきます。

閉塞感を放置すれば確実に組織は悪化します。

この閉塞感が時間をかけて生じてきた成長の代償ならば、それを一歩ずつ解消していく方向に歩みだす必要があります。着手は早ければ早いほどいいのです。

2 誰かすごいリーダーがきて、組織を変えてくれるのか

私たちには危機感がないわけではありません。中期経営計画でも、イノベーションの推進や企業変革が重要課題として叫ばれています。

経営層からは、「自分たちが若い頃はもっといろいろな職種や事業の人たちとの垣根が低かった」「今では技術者と営業が日常的に会話する光景は見られない」「各職掌範囲から出ようとしない」「どうしてこんなに部門間のつながりが希薄になってしまったのだろう」という嘆き節《ぶし》が数多く聞こえてきます。

このような中、企業の各階層の人たちは、こんなふうに感じているようです。

◎大企業のミドル・マネジャーは、過去に何度も変革に取り組んできたが、結局変わらず、変革に「うんざり」している

◎若手メンバーは、頑張ってよい会社に就職したはずなのに、「会社に裏切られた」と感

じ、自らの市場価値を上げようとキャリアアップや転職活動に躍起になっている
◎大企業は、会社の財務状態は表面的には悪くないため、大変革に踏み込む「必然性がない」と思っている
◎元気だったベンチャー企業も、徐々に「大企業病」にかかってきているのではないか

誰も今のような状況を望んでいない。けれども、会社は一向に変わらない。誰かすごいリーダーが大鉈《おおなた》を振るって大改革をしてほしいと、ひそかに思っています。

つまり、みんな、同じ問題を抱えているわけです。

私には「自分以外の誰かがやってくれる妖怪」がとりついているように見えてなりません。

医療現場の慢性疾患へのアプローチでは、「この病気は治るはず‼だから医者に治してもらう」という認知を変えていくところが肝だといいます。「この病気は完治しない‼だから自分が一生つき合っていく腹決めが必要だ」という認知に変わっていく支援です。

組織における慢性疾患も同じことが言えると思いませんか？

誰か優れたリーダーが変革するのではなく、**私自身から継続的に日常的な〝小さな変革〟を積み重ねられると認識を変えることが重要**になってくるのです。

このままではまずい、だから抜本的に変わってほしいという抜本的変革への願いは痛いほどわかります。

でも、こうしたくすぶり続ける組織の根深い問題は、先に挙げたような抜本的変革とは大きく性質の異なるものであると捉えるべきです。

たとえるなら、**閉塞感漂う組織の変革は、「慢性疾患」状態の変革**です。私たちは、この慢性疾患状態の企業社会に対して、異なる変革論を持たなければいけないのです。

3

組織の慢性疾患を改善する方法論「対話」とは

組織の「慢性疾患」を改善するのに有効な方法論が「対話」です。

対話とは、単に問題解決することを目指すのではなく、様々な視点・角度から眺めることを通じて、**よりよい組織の状態をつくる道筋を見つけるための方法論**です。

対話は自分のモヤモヤが起点です。そこに他者の存在・声が加わることで、対話の中身がより深められます。

以下は、私がアドバイザーとして立ち会った、ある企業でのやり取りです。役員Aさん、マネジャーBさんとそのメンバーCさん、別部署のDさんとEさん5人の対話です。

事業を統括する役員Aさんとマネジャー Bさんが、メンバーのCさんに、自分たちが困っている問題について次のように打ち明けました。

「自分たち組織長は、泥臭く頑張ることで壁を越えてきた成功体験があるのでメンバーにもそうあってほしいと思っています。でも、自分から見ると、もう一歩頑張れば契約につながる案件も、どうしてそこであきらめてしまうのかと感じることがあります。どうやってこの熱量のギャップを埋めるかに悩んでいます」

それに対してメンバーのCさんはこう述べました。

「いつも近くにいるので、AさんやBさんの視点も、メンバーの視点もよく理解できます。この週末、私は一体何を思ってこの事業に向き合っているのか真剣に考えていました。自分も本当にこの事業が好きだし、やりがいを感じています。他のメンバーも同じ想いだと思います」

このやり取りを横で聞いていた別部署のDさんは、こう言いました。

「Cさんからは、それなりの熱量は感じたし、AさんやBさんとの熱量の差は感じなかった」

また、別部署のEさんからは、

「メンバーが自分の期待値に達しないのは、熱量の問題より、その人たちのスキルが単純に不足しているからでは？」という指摘がありました。

さらに、EさんがマネジャーBさんに対して、

「ギャップを感じるとどんな感情が湧いてくるのですか？　また、その感情が湧かないのはどういうときですか？」

と質問しました。すると、Bさんは、

「目標が未達になりそうなとき、『腹立たしさ』と『もどかしさ』の感情が出てきます。一方で、気持ちが穏やかなときを考えてみると、最近の出来事ですが、KPI、つまり重要業績評価指標の設定を変更したら、必要な営業活動を行ってくれるようになりました。いい仕組みがつくれると、人は動くと実感し、イライラが減った気がします」

そこで、EさんはさらにAさんとBさんに質問をしました。

「では、仕組みより事業に対する想いの強さの違いに目が行くのは、どんなときでしょうか？」

AさんとBさんが考え込んでいると、Dさんがこう発言しました。

「もしかしたら、『想いを持つこと』はどういうことかをもう一段掘り下げることができていないのでは？　だから、こういうときにすぐに言葉が出てきにくいの

かもしれません。チームの中で想いが違ったらガッカリするから、そこを掘り下げるのを避けているとか。

本当は事業への想いだってみんな、それなりの熱量はあると思うのです。でも、互いに違ったら嫌だなと忖度《そんたく》し合って、自分たちが大切にしたい熱いものについて話すことを避けてきたのかもしれません」

この対話を振り返り、AさんとBさんは、

「マネジャーとして仕組みも考えないのに、メンバーに想いが足りないとフィードバックしていたのかもしれないですね……」

「イライラしている問題に自分がこういう形で加担しているのかということが本当に発見だった」

と口々に感想を述べてくれました。

この対話が終わった後、私は5人に、次のようにフィードバックしました。

「自分一人では見えなかったことが他者の視点を借りることで、**自分が問題の一部であることを発見**したのですね。そうすることで、相手を変えようと必死に頑張るより、**自分からできることを具体的に発見することができた**のですね。組織には様々な問題がつきものですが、問題を通じて、もっと組織をよい状態にすることができるのです。これがまさに対話なのです」

組織の慢性疾患を発見する対話

いかがでしょうか。

対話が目指すところは、問題を単に解決するだけではありません。むしろ問題の解決行動を一度ストップして、**背後にあるモヤモヤとした課題の存在に気づくアラートとして捉える点**に特長があります。

そしてこの組織のように、**一人ではなく、他者とともに様々な角度から眺めることにより、自分では気づけなかった背後の課題へアクセスする入口を見つけることができる**のです。

結果、自分なりに頑張っていたときとは、また違った風景で問題を捉えられるようになります。

本書で考える対話とは、組織の「状態」や「文化」といった抽象的なものにアプローチするものではありません。

今、組織で起きているモヤモヤとした問題について、他者を交えて対話をすることで、慢性疾患的課題へどのような手立てを講じられるかを見つけていく仕組みです。

対話というと、何か気持ちいい話をいつもと違った環境でして、互いをよく理解するイメージがありますが、決してそうではありません。**組織の慢性疾患を見つけ、そこに具体的なアクションを講じるセルフケアを実施する変革的な取り組みとして対話を考えたいと**思います。

他者は、私とは違う現実を見ている存在

慢性疾患に対し、日常的なセルフケアの変革を重ねていくのは、なんともノロノロしていると思われるかもしれません。

しかし考えてみてください。そもそも、日本の企業社会は一気に暗くなったのではなく、大小様々な出来事を経験しながら、徐々に暗さを増してきているのです。長い時間をかけて悪化してきたのですから、長い時間をかけなければなかなかよくなることはない。だから、少しずつ変革的な対話を重ねることで、明るさを増していく方向に舵《かじ》を切っていくしかないのです。

時代は大きく変わっているように見えます。しかし、焦りは禁物です。

大小様々な問題が日々起きますが、その一つひとつに、着実な変革への糸口が「問題」として隠されています。

私たちはその問題を大切にしながら、一歩ずつ着実に、変革を進めて行く必要があります。飛び道具はないのですが、私たちには他者というやっかいな、しかし、とても大切な存在がいます。

他者は、私とは違う現実を見ている存在です。そのため、自分では気づけないことも、案外簡単に気づいて指摘してくれます。

互いに異なる視点から物事を考えるとき、新たな一歩が見出せるのではないでしょうか。

それは小さな一歩にすぎないかもしれませんが、確かな一歩なのです。

あのトヨタが「マインドレスな組織」に陥った5つの理由

組織の慢性疾患に対して対話を重ねていくと、どうなるのでしょうか。

前述したワイクは、その組織は「マインドフルな組織」へ変わると述べました。**マインドフルな組織とは、想定外の出来事や小さな問題を早めに感知し、その意味を考え、必要な手立てを講じ続けられる組織です。**小さなインシデント（出来事）が大きなアクシデント（事故）につながらないよう、初期段階ですぐに問題に対処できる組織です。

しかし、小さな想定外の問題が起きていることを知るには、自分自身が何を「想定内」としているのかを知らなければなりません。そのときに、他者の視点を交えることは非常に有用です。

逆に、自分たちの視点だけで考えてしまうと、自分の想定の枠組だけで問題を解釈してしまい、想定外の小さな問題を見落とすことになります。いわば「マインドレス（鈍感）な組織」になってしまうのです。

前述したワイクとキャスリーン・M・サトクリフの『想定外のマネジメント〔第3版〕』

では、2009年から2011年までのトヨタ自動車の大規模リコール問題などを出しながら、組織のマインドレス化の問題について述べられています。

トヨタ自動車は、伝統的に「トヨタウェイ」として「知恵と改善」と「人間性尊重」を2本柱とし、小さな問題に対してもカイゼンを重ね、相互理解と信頼構築を重視してきたマインドフルな組織でした。

しかし、2009年以降、アメリカで大規模リコール問題が大きく取り上げられました。実は、その兆しは2007年と2008年にあり、外部のコンシューマーレポートでも品質低下が指摘されていました。しかし、自分たちの品質改善の取り組みで対処できると、積極的なカイゼンは行われませんでした。

その結果、2009年8月にアメリカでレクサスの死亡事故が発生し、2010年8月までに1000万台近くのリコールを実施することになりました。これは大きな社会問題になり、就任直後の豊田章男社長が、アメリカの公聴会で証言したシーンを覚えている方も多いと思います。

このような問題が起こってしまった背景に、トヨタ自動車がマインドレスな組織の状態に陥っていたことがあります。

ワイクは、マインドレスな組織の特徴として、次の5点を指摘しています。

1. 失敗よりも成功にこだわる
2. 仮説と解釈を単純化する
3. オペレーションに対する鈍感さ
4. レジリエンスの欠如
5. 専門知ではなく権力を重視

当時のトヨタ自動車もこのような状態でした。
1は、小さな失敗を見て見ぬふりして、成功していると考えること。
2は、想定外のことを見ようとしなくなること。
3は、現場と経営層の認識の乖離《かいり》や現場でのカイゼン能力の低下。
4は、発生した問題に対する全社的な復旧能力の欠如。
5は、本社への中央集権により、現場で自分たちの状況を判断する情報が持てない。

このようなマインドレスな組織から脱却するために、トヨタ自動車は2011年3月に「グローバルビジョン」を掲げ、大きな変革に取り組みました。単にスローガンを掲げるだけでなく、グローバルな分権化の推進と、顧客からの声をデータベース化して共有を図り

ました。

また、顧客からのクレームを集め、分析する部署が編成されるなど、各現場でカイゼンを進め、問題に対するレジリエンスを高める仕組みが整備されていきました。

マインドフルな組織とは、「ん？　これは何かおかしいぞ」という小さなモヤモヤとした出来事に対し、意味を探索できる組織です。

ある種、**問題が起きることを歓迎できる組織**と言っていいかもしれません。問題が起こるのはむしろ見えなかったことが見えたのでいいことであり、問題に向き合うことで、マインドフルな組織に変化していきます。

そのために、一番重要なのは、日頃から「おやっ？」と思うことを感知できるようセンサーを働かせておくことです。そして、その気づきを他のメンバーと「これは何か？」と考えられるようになることです。

他のメンバーを交えて考えることで、問題がより立体的に見えてきます。そうすると、問題に対して必要なアプローチの仕方も見えてきます。

しかし、長らく組織の慢性疾患へのセルフケアを怠っていると、感知するセンサーが鈍ってしまっていたり、センサーが働いても「これは何か？」について組織として考えられなくなってしまうことがあったりします。

では、組織の慢性疾患とはどういうものか、どう対処していくことが大切か、次章で説明したいと思います。

// column //

センスメイキングとは、小さな違和感に対して探索を行い、新たな意味を生み出していくプロセス

この章でマインドフルな組織に変わる議論で紹介した組織理論研究者のワイクは、「**センスメイキング**」という概念を展開しました。

これは、組織の中で、今まで見てきた風景とは異なる小さな違和感に対し、これは何だろうと探索を行い、「こういうことだ」と新たな理解（意味）を生み出していく（sense＝意味、making＝生み出していく）プロセスのことです。

本書で紹介する様々なエピソードは、ある意味、小さな違和感（点）をいくつも並べ、それらがどう関係しているのかを考えつつ（点を線で結ぶ）、一つの理解を生み出す（図を描く）過程と言えるかもしれません。

新たな理解（図）を生み出すためには、小さな違和感（点）を集めつつ、それが何かと解釈できなければなりません。一人でも始められますが、なかなか点を線で結んで図を描くところまでは難しい。そこで他者の力が有用となります。

マインドフルな組織とは、センスメイキングのプロセスが適宜稼働するよう、よく鍛えられた組織と言えるでしょう。違和感を感知したら、みんなでそれを歓迎して考えられる組織であることが大切です。

水木しげるさんの『ゲゲゲの鬼太郎』というアニメがあります。主人公の鬼太郎は妖怪が近くにいることを感知すると、ピンと髪の毛が逆立ち、あたりを警戒し始め、仲間たちと問題に挑みます。だから、不意打ちを食らうことも少ないし、強い敵にも立ち向かえるわけです。でも、もしこのセンサーが鈍っていたら大変なことになってしまいますよね。

同様に、組織の日常においても、小さな違和感を見つけるセンサーを鍛え、早い段階で対話を行えるかが、組織の慢性疾患を変革していくカギになります。

本書で紹介する対話の方法「2 on 2」では、問題に名前をつけることを、「**妖怪探し**」と呼んでいます。

まさに組織に潜む妖怪を見つけるセンサーをみなさんに鍛えていただき、日常の中からセルフケア的に変革を行っていくことを願ってそのように名づけたわけです。

第 2 章

組織が抱える慢性疾患へのアプローチ

1

そもそも組織の慢性疾患とは何か

前章では、日本の企業社会は慢性疾患的な状況にあり、日常的な変革が必要である。そして、そのための方法論として対話が重要だと述べました。

では、そもそも組織の慢性疾患とはどういうものでしょうか。

そして、組織が抱える慢性疾患にどう対処したらいいのでしょうか。

慢性疾患にはセルフケアが欠かせない

まず、医学的に慢性疾患とはどういうものなのでしょうか。

慢性疾患とは、長期にわたり根治が難しい、または治らなかったり、治りにくかったりする病気です。原因も多岐にわたり特定は難しく、正式な病名診断も困難です。

具体的には、糖尿病や高血圧といった生活習慣病、花粉症やアトピーなどのアレルギー、うつ病、薬物依存症などの精神疾患、慢性閉塞性肺疾患（COPD）など、様々な疾患が慢性疾患に分類されます。こうした病気は、若くても罹患《りかん》することがありますが、年齢を重ねていけば、何かしら持っている人は多いでしょう。

根治が難しいですから、うまく病気とつき合っていくしかありません。うまくつき合うために大切なのは、患者自身や家族の協力も含めたセルフケアです。

慢性疾患の多くは、即座に命に関わるわけではありません。しかし、治療を受けているとき以外に何もしないと悪化していきます。

それに対し、感染症や急性心筋梗塞、大きな外傷などの急性疾患の場合は、医療者（医師や看護師）が治療の中心になります。しかし、慢性疾患の場合は、医療者ができる範囲は限られているから慢性（ずっと続く）疾患であるとも言えます。

疾患によっては、セルフケアを放置して悪化していくと劇的な急性症状をもたらし、命に関わる状態に至ることがあったり、生活の質（QOL）を著しく下げたりするものもあります。こういう状態を避けるためにも、患者自身が疾患とうまくつき合い、よりよい状態になるようセルフケアをし続けることが肝心なのです。

このように慢性疾患とは根治しにくいものであり、常につきまとう病気なのです。

組織が抱える慢性疾患の例

この慢性疾患になぞらえて企業や組織の問題を考えてみると、日常的な問題によく当てはまります。

- ・イノベーション関係の取り組みへの他部門の協力が得られない
- ・新しい事業アイデアを出そうとする人がいない
- ・会議で誰も発言しない
- ・納期の遅れが常態化している

こうしたことは、組織内でよくあるにもかかわらず、変革の対象としてあまり議論されてこなかったように思います。

実際、これまでの多くの企業変革に関する議論は、経営陣が中心となった抜本的に経営を立て直すための変革論がほとんどではないでしょうか。

たとえば、赤字事業からの撤退、経営危機からのV字回復を目指したターンアラウンド（事業再生）などです。

いわばこれは急性疾患の変革論ですが、日常のほとんどの状況には当てはまりません。その結果、日常の慢性疾患的な問題には、手がつけられていないのです。

本書では、**組織の日常で生じる様々なやっかいな問題を慢性疾患というメタファーで理解を深め、セルフケアの実践という日常の変革論**を考えていきたいと思います。

そこで、まずは組織の慢性疾患とはどんなものか、もう少し整理しておきましょう。

2

組織の慢性疾患「6つ」の特徴

1 ゆっくりと悪化する

組織の慢性疾患は、ゆっくりと悪化する特徴があります。

毎日だとそんなに差は感じないものの、3年前や5年前と比較すると、全社的に見れば業績がじわじわと落ちていたり、職場単位でも人間関係が悪くなってきていたり、自分で考える人が減って受け身の人が増えたり、ミーティングでの発言がほとんどなかったりといった企業は少なくないでしょう。

「何が問題かはっきりしないし、何が原因なのかよくわからないけれど、会社全体も職場の雰囲気もどんどん暗くなってきている、閉塞感が増してきている」

という声が上がる組織も一気にそうなるわけではありません。病は非常にゆっくりと、しかし、確実に進行します。

2 原因があいまいで特定できない

原因がはっきりと「これだ」と特定できないのも慢性疾患の特徴です。

新規事業のアイデアを募集しても小粒なアイデアしか出てこないとか、長らく競合他社との競争に負け続けて負け癖がついているとか、職場の活気がなくなってきているなどは、その原因をはっきりと特定できません。

負け癖がつき、自分からどうやったら勝てるか考えようとしない部下ばかりの例を考えてみると、自分から動こうとしない理由は、いろいろな原因が絡んでいる可能性がありま す。慢性疾患は、様々な要因が複雑に絡み合って生じたものです。そして、多様な問題が繰り返し慢性的に発生します。

3　背後に潜んでいる

慢性疾患にも急性症状があります。花粉症のアレルギー発作をイメージするとわかりやすいかもしれません。もともと上にはよい報告しかしない慢性疾患を抱えている組織では、ケアレスミスや顧客への納期の遅れなどの急性症状が起こりがちです。もちろん、こうした急性症状への対処は大切です。

しかし、たび重なる急性症状に対処できても、背後に潜む慢性疾患にアプローチしなければ、様々な形で問題が頻発するようになります。納期遅れが生じた組織の会議では発言がゼロになったり、会議以外でも会話がなかったりします。

これらは慢性疾患として、根っこではつながっている可能性があります。ただし、パッと見た限りではつながりがよくわかりません。慢性疾患は表向きの急性症状の問題を解決しても、背後に潜む慢性疾患がもたらす問題の発生自体は大きく変化しません。むしろ、慢性疾患に手がつけられていないので悪化していきます。

4　後回しにされがちである

問題があいまい、かつ、背後に潜んでいるので、どこから手をつけたらいいかわからないのも組織の慢性疾患の特徴です。

つい、そういった面倒くさい問題より、目先のわかりやすい問題（納期の遅れ問題→納期の確認の徹底等）への対処を優先し、慢性疾患が何によってもたらされたのか、なぜ繰り返し起きるのかを考えるのは後回しになりがちです。

急性症状的問題は、すぐ解決しようと思うのですが、慢性疾患が多発する理由は明確でないので考えようとしません。そのため、どんどん後回しにされるのです。すると慢性疾患は徐々に悪化し、一見すると関係なさそうな問題も含めて多種多様な問題の発生頻度が上がってきます。

5　既存の解決策では太刀打ちできない

複雑な問題であるがゆえに、既存の解決策で簡単に解決できないのも慢性疾患の特徴です。そのため、経営者にできることも限界があります。部下が会議で発言しないからコミュニケーション研修を受けさせても、一向に解決しそうにない場合、背後に慢性疾患が潜んでいる可能性が高いです。

既存の道具を駆使しながらコンサルティングを頼んでもまったく解決せず、場合によってはさらに状態が悪化してしまうことがあります。

6　根治しない

仮に、慢性疾患へのセルフケアがある程度確立してよい状態になった（寛解した）としても、ビジネス環境やメンバーは常に少しずつ変化しています。そのため、その後も別の問題として現れたり、再発したりする可能性も十分ありえます。人事異動により、新メンバーが組織になじむうえで問題が生じたりします。

あるいは、競合の新製品の登場によってチームのパフォーマンスが落ちたときに、今までうまく回っていたものが回らなくなったりすることもあるでしょう。

そうすると、対応に追われる中で、背後の慢性疾患的な問題について対応する時間が失われ、雰囲気が悪化したり、問題が頻発したりすることもあります。このように慢性疾患は根治しないのです。

組織の慢性疾患の特徴は、次ページの図表1のようになります。

では、組織の慢性疾患に対し、どのようなことに気をつければいいのでしょうか。

図表1　組織の慢性疾患とは

	急性疾患的状況	慢性疾患的状況
進行スピード	急速	ゆっくり
原因	明確、因果関係的	複雑で不明瞭
実行者	経営者、 もしくは、経営陣	組織メンバー全体
問題の発生タイミング	不確実	確実
変革の期間	一定期間	常に
頻度	1回で完結する	繰り返し問題が発生するが、セルフケアを通じて寛解を目指す
典型的な例	赤字事業からの撤退、企業再生、戦略転換、敵対的買収からの防衛など	自分で問題を考えようとしない、チーム内の不和、ミーティングで発言がまったく出ない、活気がなくギスギスしている、自由にものが言えない、納期が遅れるなどの問題が頻発する、意思決定が遅い、できない理由の言い訳が続くなど

1. ゆっくりと悪化する
2. 原因があいまいで特定できない
3. 背後に潜んでいる
4. 後回しにされがちである
5. 既存の解決策では太刀打ちできない
6. 根治しない

3 組織の慢性疾患への4つの対処方法

1 危機感は生まれにくいことを自覚する

慢性疾患はゆっくりと進行するので、何か職場でよくないことが次々に起きるなと思っても、一つひとつの問題は致命的なインパクトを与えるレベルではありません。そのため、背後にある慢性疾患が放置されがちです。

慢性疾患は目立たないので、誰もすぐに着手しようとは思いません。

職場でも、背後に潜んでいる慢性疾患の急性症状として納期遅れが生じたとき、その場しのぎの対処をしても問題は頻発します。

納期遅れは大きな問題ですが、もっと問題なのは頻発し始めていることです。

しかし、なぜ頻発するかについては分析されず、後回しにされ、いよいよ着手しないといけない段階になって困るのです。

よくある企業変革の議論に、「危機感が足りないから変革をしない」があります。確かに急激なビジネス環境の変化で、大赤字の事業に対して、何も手をつけずにいる場合は問題です。

しかし、組織の慢性疾患に対して、短期的な危機感をあおってもあまり意味はありません。

職場で慢性的に起きている問題とは何か。大事な問題なのにきちんと話し合われていないものは何か。これに向き合うことこそ、組織の慢性疾患に対処する第一歩になります。危機感が足りないから対処しないのではなく、危機感がそもそも持ちにくいものなのだという認識が大切です。

まずは**長期にわたって悪化してきた慢性疾患なのだと理解する**ことから始めましょう。

そのためにも、表層的な問題にとらわれることなく、問題の背後にある意味をよく観察し、解釈していくことが必要です。

2 セルフケアのための対話を心がける

組織の慢性疾患は長期にわたって進行するので、なによりも日頃からメンテナンスをし続けるセルフケアが肝心になります。

赤字事業ならば様々な痛みを伴いますが、「撤退」すれば一定の解決を見ます。これは経営陣が主役となって実行するべき問題でしょう。

しかし、組織の慢性疾患は、何か決め手になる解決策がないところに特徴があります。だから、今できることをそれぞれの持ち場で、それぞれがやり続けることが大切です。経営者もマネジャーもメンバーも、それぞれがセルフケアをしていくことが求められるのです。

誰かが切り札となるような方法を行使すれば解決する性質の問題ではないからこそ、組織内でこの問題とのつき合い方を確立していくことが大切です。

そのセルフケアの方法が「対話」です。

慢性疾患へのセルフケアのための対話とは、次の課題を掘り下げることです。

・今、繰り返し組織で起きている問題とは何か
・それはどのようなときに生じるのか
・どんなきっかけや、過程を経て生じ始めたか
・どんな特徴やパターンがあるか
・自分の行動と問題がどのように関わっているか
・さしあたり、どんな手立てを講じることができるか
・（少し時間をあけて）手立てを講じてみたらどのような変化が起きたか

伝えておきたい対話のポイントは、表面化した問題をすぐに解決しようとせず、どうしてその問題が起き続けるのか、メカニズムを理解していくことです。そうすることで、慢性疾患への具体的な方策が見えてきます。

3　問題を単純化しない

組織の慢性疾患はなかなか対処方法がわかりません。まず、急性症状への対処だけに留

めず、具体的に起きている問題を掘り下げるところから、慢性疾患の正体を探っていきます。

この際に気をつけなければならないのは、**問題を単純化しない**ことです。

たとえば、「競合他社に対して負けが込み、部下からも挽回策が上がってこない」例を考えてみましょう。

この場合、よくある対処策は、部下の数値管理を厳しくすることです。

マネジャーの認識

- 負け癖がついている
- メンバーが自分から状況を変えようとしない（指示待ち）
- それは、どんな状況にあるかわかっていないからだ
- 状況を理解するためのフィードバックを増やそう

しかし、いろいろ手立てを講じてみても、事態が改善しない場合、何か違うことが起きていると考えるほうが合理的です。

ただ、「みんなのやる気がないからだ」と考えるのは、いささか問題を単純化しすぎです。

単純化してしまうと、部下はますます受け身になり、自分から動こうとしません。

このように、よさそうと思った手立てを講じても状況が好転しない場合、もう少し複雑な問題が起きていると考えるべきです。

部下が自分から動けないメカニズム

ここで問題なのは、部下たちが自分から動こうとしない理由が実はよくわかっていないことです。

にもかかわらず、問題を単純化して解決しようとすると、慢性疾患を放置することにつながります。

もしかしたら、部下たちも状況はある程度わかっているが、自分たちで現状を変えられるとは思っておらず、変えるのはマネジャーの仕事。自分たちにできることは特にないと思っているかもしれません。

メンバーの認識

・ずっと競合に負け続けていることはわかっている
・特に自分たちにできることはない
・この状況を変えるのはマネジャーの仕事だ
・自分から何かやっても無駄だ

部下たちがこんな認識の中で数値管理を強化すると、できていないことばかりがあぶり出され、自分たちの無力感を深め、さらに現状を変えようとしなくなります。マネジャーが「やっぱりまだわかっていない」とさらなる管理強化に走れば、この悪循環は続き、退職者が出るかもしれません。

このような認識のズレがずっと続いている状態が慢性疾患の正体です。こうしたすれ違いの状態にあることをみんなで自覚することが大切です。しかし、実際にはなかなかこれは難しい。

なぜでしょうか。

この状況を変えたいと思っているのはマネジャーですが、部下が自分から動けない背後にある複雑なメカニズムを理解しないまま、マネジャーの理解の範囲内で状況を単純化し

ているからです。

これを独話（モノローグ）状態と呼びます。

したがって、**この独話状態を変えていく対話（ダイアローグ）が有用に**なるのです。

部下たちはマネジャーが何もしないから悪いと考えています。

この悪循環には、理由がありそうです。もし部下たちと力を合わせられるポイントが見つかれば、状況は少し好転しそうです。

着手ポイントを見つける2つのステップ

ここで大事なのは、具体的な着手ポイントを見つけることです。そのために取り組むべきステップが2つあります。

1．改善したい人（この場合マネジャー）が、自分もその問題の一部であると気づくこと

2．見えてきた状況を掘り下げること

「自分もその問題の一部であると気づく」とは、自分がやっていることと、自分が認識している問題とどう関わりがあるかを発見することです。

つまり、自分もその問題を生み出すことに貢献している当事者だと「当事者性」を発見することでもあります。

最初、このマネジャーは、部下に問題があり、部下を変えようとしていました。しかし、もしかすると、自分が変えようとして取った行動が余計に問題を悪化させているとしたら、どうやら自分に問題があることがわかります。それがわかることだけでも大きな一歩です。その行動が持つ意味がわかってくれれば、状況を好転させる入口が見えてくるからです。

部下の管理を強化することで悪化していたなら、一度管理強化をやめてみて何が起きるかを観察してみましょう。

その代わりに、パフォーマンスを向上する方法を一緒に考えていくと方向性が見えてくるかもしれません。

しかし、このためには、部下や違う部署の人などを交えた対話の過程が重要です（この方法については、後ほど詳しく説明します）。

この問題を改善するはじめの一歩とは何か、具体的に考えることが大切です。

たとえば、目標をもう少し手の届く範囲に設定し、うまくいったケース、うまくいかなかったケースなどをみんなで共有しながら議論する場を設けます。

解約された顧客リストをもとに顧客状況を調べ、その原因を考察してみます。

こうやっていくと、「状況がよくわかっていないのではないか」と単純化して考えていたときより、問題の全体像が見えてきます。すると、徐々にみんなが見ている風景が違って見えてきます。

これがセルフケアそのものであり、対話することの意義なのです。

4 セルフケアを継続して行う上司の心得

問題の単純化を避け、具体的な対処策を発見していくことは大切ですが、こうしたステップを踏んでいっても、同じような問題は別の形で現れることがあります。

したがって、**自分が問題の一部になりやすい状況をよく把握しておくことは、セルフケアとして非常に大事**です。

先のケースなら、マネジャーがどんなときに問題の単純化をしてしまいがちなのか掘り下げておくといいでしょう。

期末の数値目標が迫っているときに問題の単純化が起きる傾向があるなら、少し前から対処策を講じておきます。

仮にそれができなくても、「あ、今はこういう状況だから問題の単純化が起きているのだな」と自覚できれば、問題の全体像の捉え方も違ってきます。

こうやって日頃からどのように問題の単純化が起き、慢性疾患が悪化するのかについて理解を深めておけば、形を変えて似たような問題が起きたときにも対処しやすくなります。

すれ違いや困ったことが起きたときこそ、対話のチャンス

会議で部下の発言が少ないという悩みを抱えるマネジャーは少なくありません。

マネジャーは部下の意欲が低いと考え、部下は自分から発言するものではないと思っている。こういったすれ違いが起きたときこそ、対話のチャンスです。

組織の慢性疾患は解決したらなくなるものではありません。

むしろ常につきまとうものと考え、**問題が出てきたら面白がる**くらいの心づもりでいるのがいいでしょう。対話をしていくと、どうして問題が起きるのかがわかってきたり、意

外な発見があったりするからです。
なによりも、その場その場で問題の単純化を避けながら取り組むことが肝心です。
問題が起きたらその都度、丁寧に対話をしていきましょう。

4

慢性疾患へアプローチする際の注意点

これまで組織の慢性疾患の特徴と、対処方法について説明してきました。

しかし、組織の様々な問題を慢性疾患と捉えられず、自分たちなりのセルフケアを確立せず、その場しのぎの対処方法に終始してしまいがちです。

その要因の一つは、問題の単純化が起きているからです。

なぜ問題の単純化が起きるのでしょうか。

2つの理由があります。

一つは、問題を既存の解決策で解決できると考えるから。もう一つは、問題は解決しさえすればいいと考えるからです。

その結果、問題は掘り下げられず、慢性疾患は放置される。これは大変不幸なことです。

さらに、慢性疾患は放置すれば合併症が生じてきます。

ここからは、組織の慢性疾患のポジティブな意味と、慢性疾患の合併症についてお話ししたいと思います。

1　組織の慢性疾患のポジティブな意味とは

「ポジティブな意味」と聞くと、慢性疾患にポジティブな意味などあるものか、と思われるかもしれません。

私は、組織の慢性疾患は、セルフケアを確立していけば、ポジティブな意味を持ちうるものだと考えています。これはどういうことでしょうか。

組織で発生する問題は、背後の慢性疾患の存在を知らせてくれるアラートとしての役割を担っています。

前述した負け癖がついた組織の例を考えてみましょう。

確かに、みんなが自分なりに工夫してパフォーマンスを上げようとしない状態はよくありません。

しかし、その問題を掘り下げていけば、背後にこれまでのマネジメントスタイルに関する上司と部下の慢性疾患の様相が浮かび上がってきます。

逆に、問題がないとしたらどうでしょうか。

表向き大きな問題はないように見えても、突如として大問題が噴出する可能性があります。

そう考えると、**慢性疾患へのセルフケアの入口を見つける観点から、問題が生じることは歓迎すべきこと**なのです。

しかし、このように考えることはなかなか難しいのが現実です。

少し前に「ホラクラシー（holacracy）」や「ティール（teal）組織」といった各メンバーのセルフマネジメントによる自律的な組織運営方法が流行りました。

当時、何名もの経営者から「うちの会社をティール組織にしたいのですが、どうやったらいいですか。どんな組織の設計にすべきでしょうか」という相談を受けました。

これは、各メンバーがモチベーション高く、自律的に動いて仕事をつくり出してほしいという願いの現れでしょう。

私はこう答えました。

「お困りのことは、組織の形の問題なのでしょうか。すでに今、取り組んでいることでは何が問題なのでしょうか。何をやったらもっと組織メンバーが自律的になると思いますか」

おそらく組織の設計の問題ではなく、日々の職場の中に解決策のカギがあると思ったからです。

慢性疾患を対話的に解きほぐす

組織のワークフローや報酬システムをうまく設計すれば、万事うまくいくということはありません。どのようにワークフローや報酬システムを設計するかは、あくまでも組織をうまく運営する一要素にすぎません。

組織のワークフローが整っても、それらをいかに機能させ続けられるかは別問題です。ましてや、組織の慢性疾患に対して、「ティール組織にすれば解決できるのでは」と考える経営者マインドを考えると相当危険です。

今、目の前で繰り広げられている問題に対して、一度、解決を試みることを脇に置き、慢性疾患がどんなものかを探る必要がある。その方法論が対話なのです。

まず自分がその問題に対しどう関わっているのかを探る。どこかにある方法を取り入れるのではなく、自分の組織内できちんと機能するセルフケアの方法を見つけ、実践「し続ける」ことが大事なのではないでしょうか。「ティール組織にしよう」と単純化されたアプローチはやめましょう。

考えてみてください。

「それぞれが自由に仕事に取り組むように」というティール組織のかけ声だけでは、自由も規律もありません。ただただ組織に混乱を生み出すだけです。

このように、慢性疾患に対して、既存の単純化されたアプローチを採用することは大変危険です。

大切なことは、**慢性疾患が一体どういうものかを対話的に解きほぐす**ことです。

そうすることで、問題の発生を通じて、よりよい組織をつくっていくことにつながるのです。

様々な問題の発生をポジティブに受け止め、歓迎していくことが問題解決の第一歩なのです。

2　恐ろしい合併症のリスク

組織の慢性疾患はセルフケアを怠り、放置し続けると、合併症になります。

ここで、新規事業が生まれず、業績が傾き、マネジャーがいらだちを覚えているイノベーション推進部門の例を考えてみましょう。

よく「オープンイノベーションだ」と外部のコンサルティング・ファームに新規事業開発を丸投げするケースを目にします。

しかし、こうなると社員は自分の頭で考えなくなるだけでなく、コンサルティング会社も、〝共創〟と言いながら実際は業者扱いされていることに嫌気がさし、挙句のはてにはそっぽを向かれ、何も残らない。結局、問題が余計悪化していきます。

この原因は、なぜ新規事業が現場の社員から出てこないのかという背後のメカニズムを観察することなく、「新規事業が生まれない」という表層的な問題にとらわれていたからです。

こうなると、古参社員の退職だけに留まらず、残された社員たちがどんどん疲弊していく悪循環もありえます。いわば、慢性疾患が放置されて悪化した〝合併症〟になるのです。

「心理的安全性」の罠

最近、こうした状態に対して、何でも遠慮なく言い合える関係をつくる「心理的安全性」

の重要性が叫ばれています。

しかし、心理的安全性は結果的に高まるものであって、心理的安全性を高めることに注力するのは慢性疾患悪化への入口と言えないでしょうか。

盲点は、互いに何でも言い合えるようにすることにフォーカスしすぎて、どんな理由があって言いたいことを言い合えなくなっているかがほとんど考えられていないことです。

そのひも解きは一筋縄ではいきません。

そのときに大切なのが、様々な小さな問題の勃発です。

慢性疾患に関連した小さな問題は発生しますが、そのときに、**自分がその問題にどう関わっているのかが見えているかどうかが大きな分かれ道**です。そこが見えていないと、相手のせいか、自分のせいかという問題にすり替わってしまいます。問題は複合的に起きているのであって、誰か一人のせいではないのです。

結果だけを見て、背後のメカニズムを見ようとしないアプローチでは心理的安全性は高められません。

表面的なコミュニケーションの取り方では、すぐに元の悪い状態へと戻ってしまいます。

大事なことは、**問題にしっかりと向き合う**ことです。

問題に向き合うとは、**自分が問題の一部と自覚すること、自分と問題の関わりを見つけ**

ることです。自分にできることが何かを見出せることと言い換えられます。

そうした問題に向き合う方法が対話なのです。

そして、対話を通じて「心理的安全性を高めよう」という表面的な問題解決に縛られず、より広く、深い視座での問題へのアプローチが大切になります。

では、対話とは一体どんなものか、次章からじっくり見ていきましょう。

// column //

足元からの変革を積み重ねていくことで、組織の風景は変わる

企業のイノベーション推進を見ていると、組織が硬直化していて、新しいアイデアを出す人が少ない。新しい事業アイデアが出てきたとしても、それを事業化することがなかなかできない問題に出くわします。様々な企業の役員クラスとお話しすると、「昔はみんなアイデアを気軽に出していた。もともと、わが社はこんな会社ではなかったのに、どうしてこうなってしまったのだろう。もっと意識を変えてほしい」と嘆かれる方も少なくありません。

また、新規事業を進める際は他部門との連携が不可欠ですが、製造部門に「その製品をつくろうとすると納期が先になる」とか、ある事業部から「本当にそれは売れるのか」と言われたりします。このようなとき、「強い個の力が大切だ」という意見の一方で、「企業文化を変革していくことが大切だ」という意見も耳にします。

しかし、私はどちらも、この状況には有効ではないと思っています。個人の意志や気合の問題ではないし、企業文化のせいにするのはそれこそ「単純化」の罠です。

アイデアが出てこないのはなぜか。みんなが今の状況がよいと思っているわけでもないでしょう。アイデアを出したいと思っていないとしたら、それはなぜなのか。あるいは、アイデアが出てくるだけの必要なインプットがないとしたら、それはなぜか。これを探ってみるべきで、個人の問題に帰するのは問題です。

他部門が非協力的なのは、危機感がないわけでも、保守的なわけでもない。これを社風の問題だと言っても好転しません。

マネジャーか一般社員かを問わず、観察を重ね、一つずつ取り組んでいくことが肝心です。対話による足元からの変革を地道に積み重ねていくことで、そうした風景はおのずと変わっていくものなのです。

第３章

対話とは何か

1 そもそも対話とは何か

これまでの章で、組織の慢性疾患に対処するには対話が必要だと述べてきました。ところで、対話とは一体どういうものでしょうか。

この章では、対話とは何か。なぜ職場において対話が必要なのか。組織の慢性疾患に対して対話はどう位置づけられ、どんな効果をもたらすのかについてお話ししましょう。

対話とは、ひと言で言えばこうなります。

今見えている問題の枠組から抜け出し、問題の捉え方を変え、組織をよりよい状態に導くための取り組み。

必ずしも、人と人がじっくり話し合うことを意味するわけではありません。対話とは、問題と向き合う具体的な方法が見つかったり、向き合い方を変えたりすることです。

組織の人たちは、それぞれの立場や視点で物事を判断しています。それは経営者であっても新人社員であっても変わりません。

対話とは、その断片を持ち寄り、何が起こっているのか、みんなで理解をつくっていくことです。

組織で起きている問題をきっかけに、その問題についてそれぞれが持っている断片を持ち寄り、一緒に全体像を考えていくと、当初問題と思われていたものとはまったく違った問題の複雑さと多面的な姿が見えてきます。

すると、今までの問題の捉え方で必要だと考えていたものとはまったく異なるアプローチが見えてきて、さらによい問題との向き合い方が見えてきます。ここにたどり着くための取り組みが対話なのです。

組織の慢性疾患に対する対話のステップとしては、次の4つに整理できます。

対話に必要な４つのステップ

1. 問題を眺める
2. 自分もその問題の一部だと気づく
3. 問題のメカニズムを理解する
4. 具体的な策を考える

この４つのステップで、前述した「負け癖のついた部下たち」について考えてみましょう。

当初、このマネジャーは「状況がわかっていない、やる気がない部下たち」と解釈していました。それに対して「どうやったら部下たちに状況を理解させられるか。やる気を高めるにはどうしたらいいか」という問題に直面していました。

マネジャーは日々頭を悩ませていましたが、当時は自分が見えている問題を単純化して状況を解釈していました。

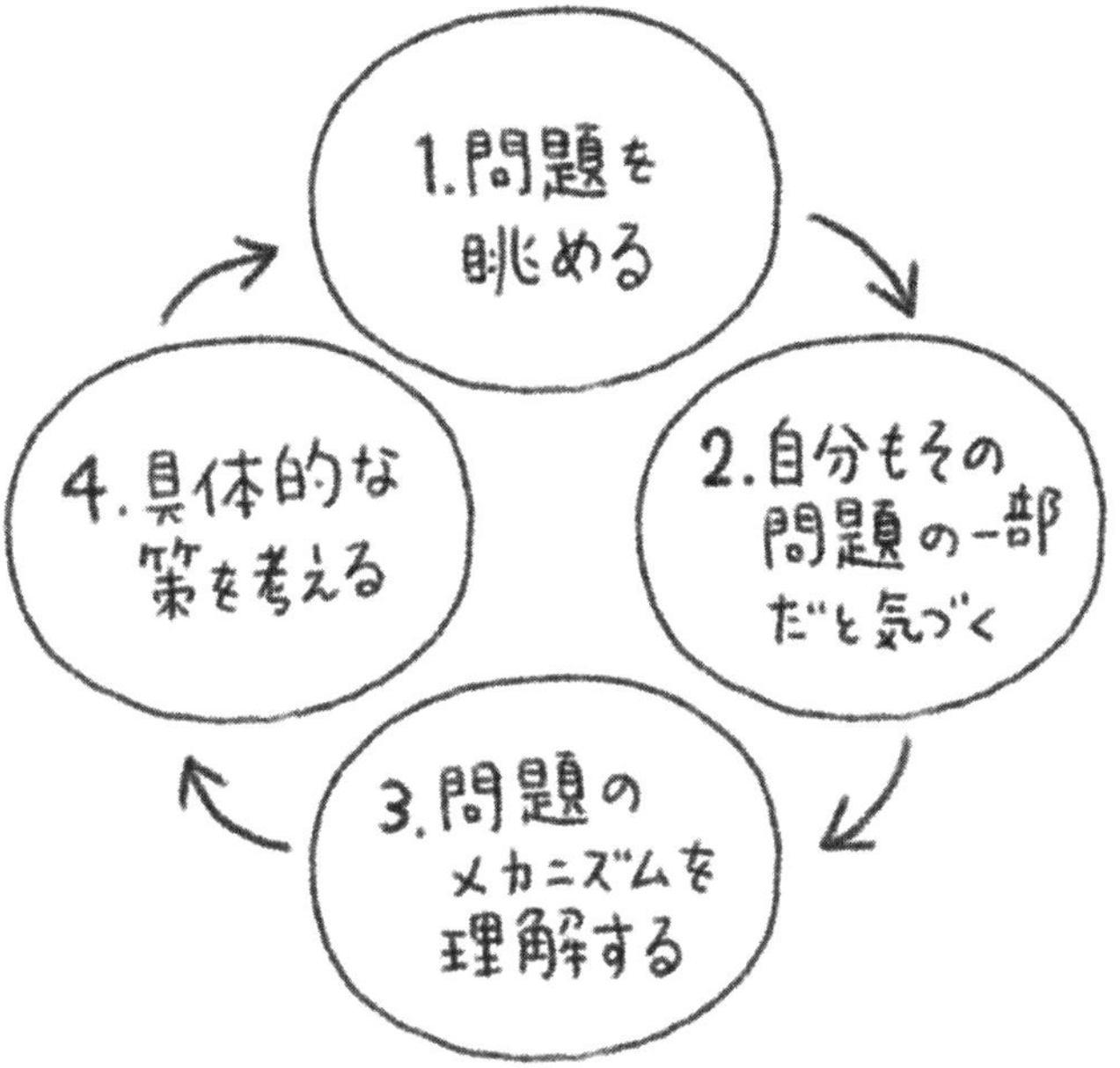
1.問題を眺める
2.自分もその問題の一部だと気づく
3.問題のメカニズムを理解する
4.具体的な策を考える

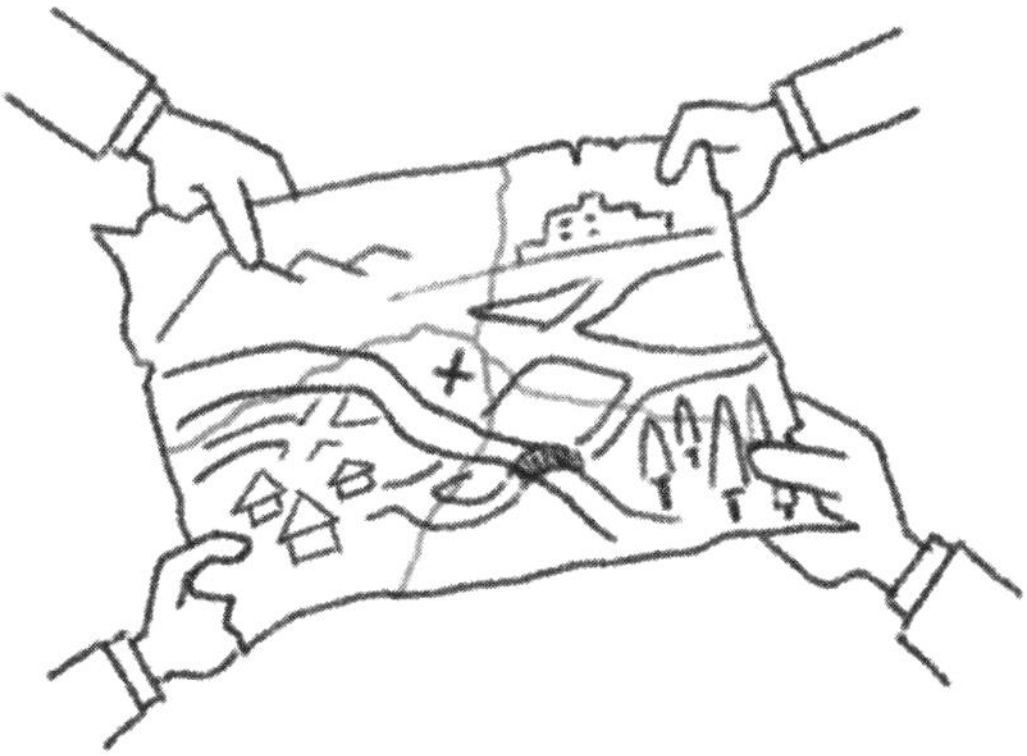

しかし、対話のプロセスは、「状況がわかっていない、やる気がない部下たち」の問題について、もっと多面的な角度から「**1．問題を眺める**」ことから始まります。じっと問題を見続けていると視野も狭くなり、一人で悩んでしまいがちです。眺める作業は他のメンバーと一緒に眺めるには、一度距離を取らなければなりません。眺める作業は他のメンバーと一緒に行う余地が生まれます。

そのためには、今見えている問題に対処したり、解決策を考えたりするのを一度脇に置き、**問題を対象化して眺めていく**ことが大切になります。問題について眺めていくと、問題に付随した次のようないろいろな出来事やエピソードが浮かび上がってきます。

- 競合に負けている理由を問い詰めたとき、部下の表情が困惑しているように見えた
- 問い詰めた後も、職場の雰囲気に変化が見られなかった
- 競合に乗り換えた顧客を訪ねたとき、顧客が「競合A社は、我々の見すごしていた課題をよく汲み取った提案をしてくれた」と教えてくれた
- 逆に、小さいけれど自分たちが競合相手から取り戻せた事例があった
- それに対しマネジャーは、「なぜもっと考えて提案しないんだ」と発言した
- 数値管理を厳しくした後は、さらに部下の自発性が下がり、雰囲気が悪化した

このように問題を眺めていくと、いろいろな出来事やエピソードが出てきます。

しかし、これはマネジャーの内省の範囲にすぎません。**対話することで各人が見えている風景が組み合わさり、「あれ？　これってもしかしてこういうこと？」と新しい風景が開けてくること**があります。

したがって、マネジャー個人だけではなく、部下と一緒に問題を眺めることは、出来事やエピソードを掘り起こすうえで極めて有用です。

部下を交えて断片を持ち寄ると、こんなことが見えてきました。

・今いる部下の多くは、競合にシェアを奪われ始めた後に着任したメンバーである
・どうやってこの市場で勝ってきたのかを経験していない
・こうしたら勝てるというセオリーがわからないし、そもそも考えたことがない
・今の状況が悪いということは十分わかっている
・何から手をつけたら成果につながるかわからず、困っている
・打開策を考えるのは自分（部下）の仕事ではないと思っている

こうしてエピソードの断片が掘り起こされてくると、「**2．自分もその問題の一部だと気**

づく」ポイントが出てきます。

「自分も問題の一部だ」とは、決して自分が悪いと気づくのではなく、自分もその問題の発生メカニズムに関わり、自分なりに手立てを講じられるポイントが見つかるという意味です。

- 「状況を理解しておらず、自発的に考えようとしない」のではなく、そのような理解に基づいて管理を厳しくした結果、余計に問題が悪化した
- 自分からどんな行動を起こすべきかわからないところで、一方的な改善が求められた
- 悪い状態であるという認識がさらに深まり、無力感が増していた

このような悪循環が起きているとわかれば、問題と自分との関わりが見えてきます。つまり、「**3．問題のメカニズムを理解する**」ことができ始めたのです。

こうなれば、何から手をつけたらいいかが徐々に見えてきます。

すると「**4．具体的な策を考える**」段階にきます。自分がよかれと思ってやったことや、無意識のうちに行ったフィードバックなど、様々なことが状況を悪くしていたことに気づけば、意識的に少しずつ変えられます。

他にも個別事例を検討しながら、どんなアプローチがいいか、一緒に考える勉強会を開催したりするのもいいでしょう。ひとまず、試してみる価値はありそうです。

問題と部下たちの見え方が大きく変わる瞬間

この1～4のステップを踏まえると、少なくともマネジャーからは問題と部下たちの動きは大きく異なったものに見えてくるでしょう。

最初は負け癖のついた部下たちを、どうやったら自分で考えて行動「させる」べきか、マネジャーが一人で考えていました。

おそらくその間は部下たちに対して、「なんでわからないんだ」とカチンときたり、途方に暮れていたりしたでしょう。

しかし、その問題解決を一度脇に置き、問題をじっと眺めてみると、いろいろなことが見えてきます。

しかし、1～4のステップを理解しただけでは、具体的なアクションをイメージするのは難しいかもしれません。

具体的な方法を考える前に、対話についてどんなスタンスが必要なのかを理解しましょう。

私は前著『他者と働く』の中で、対話のスタンスについても触れましたが、まだお読みでない方のために（すでにお読みいただいた方にも少し切り口を変えて）、ここからは対話に臨むうえで大切なスタンスを説明したいと思います。

2 対話の3つのスタンス

前述したように、対話とは、他者を通じて問題に向き合い、新たな問題へのアプローチや関わり方を発見する方法論です。

職場での他者とは、同じ部署の同僚、他部門の人、階層の異なる人、あるいは顧客など、自分とは異なる解釈の枠組を生きている人たちです。

この解釈の枠組のことを「**ナラティヴ**（narrative、生きている物語）」と言います。

私たちは、同じ会社の中で異なる仕事をしています。

個々の社員には、部署、階層、入社年次や在籍年数など様々な違いがあります。この違いが、物事に対する解釈の枠組の違いをもたらします。

情報セキュリティ部の人は、外部からの不正アクセスにより会社の情報が盗まれたりすることがないよう、運用ルールをつくったり実施させたりするのが仕事です。

一方、営業部の人は、自社製品やサービスを通じて、顧客の課題解決を提案することが仕事です。

この2者がときにぶつかることがあります。

顧客とのやり取りに、新しいクラウドサービスを利用したい営業部と、安全性が十分確認できないうちは利用を避けたい情報セキュリティ部。各々のナラティヴは正しいのです。ときには、新規事業開発部門が、新領域事業のために外部からスペシャリストを雇いたいと考えることもあるでしょう。

一方、人事部は、その事業がうまくいかなくなった後も働き続けてもらうことを考えると、採用に二の足を踏む可能性もあります。

どちらかが完全に間違っているなら簡単です。しかし、それぞれのナラティヴは正しいからこそ、問題が複雑になっているのです。

多くの人は、自分がどんなナラティヴの中で生きているかなんて考えたことはありません。

あなたにも、「どうしてあの人はわかってくれないんだ」と腹を立てることがあるでしょう。

これは、自分のナラティヴとは違うナラティヴで生きている人が存在することが想像できない。つまり、互いにわかり合えない存在であるという前提が見えていない状態です。

この状況では、各々が正しいことを主張し続けても、問題は平行線のままです。どこかで、互いのナラティヴの接点を見つけなければなりません。それが対話するということなのです。

相手には相手なりに一理あることを認める。そこに何か物事を進めていく手がかりがある。もっと言えば、自分のナラティヴの偏狭さに気づき、自分のナラティヴを押し広げていく実践こそが対話なのです。

対話の際に心がけたい3つのスタンス

この対話の際に心がけたいのが、次の3つのスタンスです。

1. 対話とは、他者とのやり取りを通じて、新たな物事の見方の地平を切り拓く取り組みである
2. 対話とは、様々な問題や想定外の出来事を通じて、よりよい現実を生み出す取り組みである
3. 対話とは、目の前で起きている問題の一部であることに気づくことである

1. 対話とは、他者とのやり取りを通じて、新たな物事の見方の地平を切り拓く取り組みである

2. 対話とは、様々な問題や想定外の出来事を通じて、よりよい現実を生み出す取り組みである

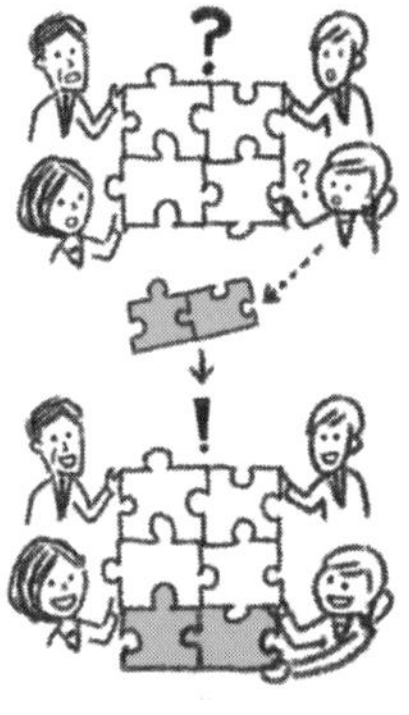

3. 対話とは、目の前で起きている問題の一部であることに気づくことである

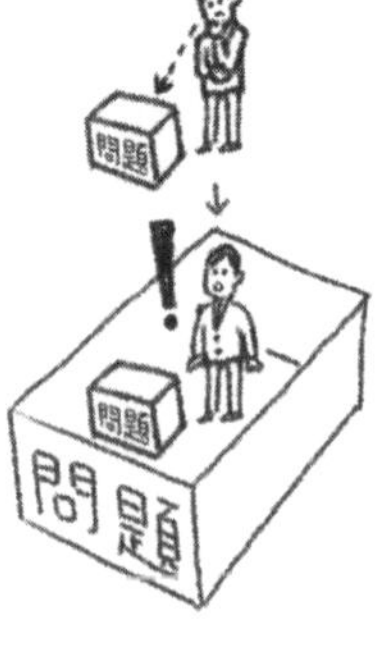

やや抽象的ですが、対話とは、新しいものの見方や考え方を、実感が伴う形で具体的に生み出す取り組みだと感じていただけたでしょうか。

この3つについて説明する前に、まずは対話とそれ以外のコミュニケーションのカテゴリーの違いについて考えていきましょう。そのほうが、対話との違いがはっきりするからです。

企業内のコミュニケーションには、ディスカッション（議論）、雑談、ワークショップなどがあります。

ディスカッションとは、何らかのアジェンダ（議題）に沿って正しい結論を導き出すもの。アジェンダは「何かやりたいこと」「意志」と呼んでもいいでしょう。

ここで大切なことは、安易に相手の意見に同調せず、**相手の意見の論理的根拠を批判的に問い質す**ことです。こうした論理的かつ批判的なやり取りを通じて、より完成度の高い結論へ至ります。

何らかの結論を明確に下さなければならないときに、ディスカッションはとても有効です。やりたいことがある人がいて、それに対し意見を戦わせるのがディスカッションなので、その成果は論理を縦方向に一本の筋で構成していくことが大切です。

一方、雑談とは、特に目的を決めず、思いつくままに言葉を交わすことです。ディスカッションとは違い、雑談は話し合いたいことがあるわけではありません。休憩時やランチ、夜の飲み会などで交わされることが多いでしょう。

ただ、これで仕事自体が大きく変化したり、組織の慢性疾患が好転したりすることはほとんど期待できないでしょう。

ディスカッションと雑談の違いについて整理すると、ディスカッションは**縦方向に一本のロジック**を展開していくのに対し、雑談は**横方向に話題を拡散**させていく特徴があります。

　しかし、これらはいずれも対話の3つの定義で述べたように、新たな現実の生成や問題を通じた発見ということにはつながりにくいものです。

　ディスカッションは、新たな現実の生成というより、既存の現実の解像度を高めるものであり、雑談は情報収集や気持ちの整理を通じて現実に向き合うためにリフレッシュをするものです。

対話は「ナラティヴ」を変容させる実践

一方、対話はどうでしょうか。対話はディスカッションと雑談とは大きく異なります。**対話は、ディスカッションや雑談のコミュニケーションの基盤となるナラティヴ（生きている物語）自体を変容させる行為です。**

職場は仕事の種類も各々の経験年数も様々ですから、組織内にはたくさんのナラティヴが同時遍在しています。上司と部下はもちろん、前章で触れた部門の違いによるナラティヴの隔たりもあります。

ここでは、部下が思ったように動かないマネジャーの例を考えてみましょう。「新規事業の提案をどんどんしてほしい」と言っているのに、思ったような提案が全然出てこないケースです。

このマネジャーは「部下のモチベーションが低い」「日頃からアイデアを考えていない」「もともと能力が低い」と解釈していたり、場合によっては「自分は部下から嫌われている」と思っているかもしれません。

部下に再三説明をしてもラチがあかないので、代わりに自分からアイデアを出したり、気を遣ってやたらとほめたりするかもしれません。

しかし、効果が見られません。それどころか、マネジャー自身が部下の仕事を肩代わりした結果、一向に部下が育たず、疲弊している状態がずっと続いています。

叱ってばかりではダメとやたらほめても部下は動きません。

こうなってしまうと、どこから手をつけたらいいかよくわからなくなり、途方に暮れます。

ここで重要なのは、「なぜ自分の理想像とは違う現実が目の前で展開されているのか」を、マネジャー自身がわかっていないことです。

自分のナラティヴでは整合性が取れている指示内容ですが、部下のナラティヴは異なるため、自分とは違う解釈がなされ、自分が思ったようには動いていない結果があるのです。

その状況で、動いてくれないからと何度説明しても、部下の解釈は「わかっているけれどできない」「また怒られた、どうしたらいいかわからない」「上司の言うことは少し違う気がするんだけれど、どうやったらわかってもらえるか困ってしまう」です。

「思ったように動かない」こと自体、両者のナラティヴの隔たりがある。ところが、多くの人は両者のナラティヴの隔たりに気づかず、一方的に説得しようとしてしまう。

部下が「わかっていないことが何かわからない」ことに気づいたマネジャーは、部下のナラティヴをよく理解しようと試み、観察を重ね、部下の見えている風景が少しずつ浮かび上がってきます。

そこから「あれ？　これはもしかして、こういうことが起きているのかもしれない」という新しい風景の入口が見えてくれば、徐々に「ああ、こういうわけで自分の言っていることが全然伝わっていなかったんだな」とわかってきて、「じゃあこんなふうに自分の言動を改めよう」となっていきます。

対話するとは、相手の想定外の言動を通じて、自分がわかっていなかったことがわかっていくプロセスです。

組織において対話する極めて大切な点は、単にわかり合うことを目指すのではなく、具体的に問題に対して打開策を見出すことなのです。

自分とは異なる他者のナラティヴとの間に橋を架ける発想

ここで対話の3つのスタンスを振り返ってみましょう。

最初に、一つ目の「**対話とは、他者とのやり取りを通じて、新たな物事の見方の地平を切り拓く取り組みである**」について考えてみましょう。

このマネジャーにとって、今回直面した他者は「動かない部下」でした。部下という他者を通じて、自分とは違う現実（ナラティヴ）があることに直面したマネジャーは、両者のナラティヴの隔たりに対して架け橋になるようなアプローチを模索し始めました。

そうです。この時点で新たな現実の生成が始まったのです。

それまでは「モチベーションが低いダメな部下に囲まれ、なんとかチームを動かそうとしている自分。そしてそれにぶら下がった部下たち」という解釈でした。

しかし、「もしかしたら何か違うことを考えているかもしれないと部下をよく観察し、うまくその才能を活かす術《すべ》はないか。なんとかみんなで面白いチームをつくっていこう」と大きく解釈が変わろうとしていました。

では、対話のスタンスの2つ目、「**対話とは、様々な問題や想定外の出来事を通じて、よりよい現実を生み出す取り組みである**」についてはどうでしょうか。

マネジャーにとっては、きちんと説明したのに部下が動かないのは、想定外でした。

こうした小さな問題が重なり、複雑に入り組んだ結果として職場における慢性疾患が発生しています。

しかし、そのときに自分のナラティヴとは異なる他者のナラティヴとの間に橋を架けることで、新たな関係性の地平が拓かれます。

このマネジャーは次のように考えられるようになりました。

「自分にはわかっていないことがあるし、部下が察してくれると思っていたのは間違いだった。同じ現実を見ていないのがわかったことはショックだったけれど、それは当然かもしれない。自分も部下から見ればわかってくれない上司に見えていたのだから。今回、互いのナラティヴをよく観察することで、部下と気持ちよく仕事ができることもわかった」

一方、部下もマネジャーのアプローチが変わったことで、仕事の意味が見えるようになり、仕事のやり方が変わりました。

問題が起こったことは、このチームには幸運でした。

問題は、チームや組織をよりよくするために発生してくれると考えましょう。

問題を通じてチームをよりよくできるかは、対話的なアプローチにかかっています。

問題解決のために、マネジャー自らが仕事をしてしまえばそのときはいいでしょう。しかし、形を変えて問題は慢性化します。これではマネジャーの体がいくつあっても足りません。

まず、相手のナラティヴに巻き込まれてみる

このような話をすると、「部下をいかに巻き込むかが大事ですね」と言う方も多いのですが、はたしてそうでしょうか。

対話とは、相手を自分の目的達成のために道具的に「巻き込む」前に、まず相手のナラティヴが自分とは異なるものであることを理解しなければなりません。

相手なりの理があることを認め、相手の存在を道具ではなく、自分と同等に存在しているものとして認めることが第一歩です。

ですから、相手を「巻き込む」前に、**相手に「巻き込まれる」。つまり、相手のナラティヴに参入することが重要**なのです。相手のナラティヴが観察するに値する存在であることを、こちら側が受け入れなければ何も始まりません。

誤解しないでほしいのですが、これは決して甘やかすことでもないですし、今日からいい人になれ、部下にやさしくなれと言っているのでもありません。

そうではなく、相手を道具として扱わない観点からのアプローチがよほど実践的だと言っているのです。

相手を自分のナラティヴに巻き込み、ナラティヴの隔たりを強引に渡らせて、自分側のナラティヴで解釈させることに失敗してきたからこそ、今の慢性疾患が生み出されているのです。

そのことが見えてきたら、その構図を徐々に変えていくことです。

自分の喜怒哀楽を大切にしよう

「対話に臨むほうが実践的」という私の主張を真剣に受け止めたマネジャーの方が、あるとき、こんな話をしてくれました。

「部下のナラティヴを知ろうと、一所懸命、話を聴いたけれど、だんだん腹が立ってきてつい怒ってしまった」

対話に臨むうえで、善人になろうとする必要はありません。それより、**自分が何をしたいか、何に困っているか**をよく理解することが肝心です。

「自分はこういう理由でこのことが心配だし、そのことで部下が動かないことに困っている。だから部下にも協力してもらいたい。そのために彼らが協力してくれるポイントを探ることが自分にとって今必要なことだ」と自分なりに棚卸しすることが大事ではないでしょうか。

とりわけ、今何が心配で、何に困っているかという感情面について自分自身を観察できなければ、相手の観察は焦りや不安に歪《ゆが》められたものになってしまいます。

こうした自分なりの棚卸しをしたうえで、今日から部下に対するアプローチを少しずつ変えてみようと思えるのではないでしょうか。かつて怒ったことは決して無駄ではありません。

もちろん、相手を傷つけたらそのことは詫びる必要があります。しかし、怒るのは、自分の中で大事にしているものが侵害されたり、恐れを感じたりしたときでしょう。

このとき、「あれ？　自分は何に腹を立てたのだろう？」と一度センサーを働かせて考えてみると、自分の感情が何によって動かされているのか、何に困っているのかが見えてくるでしょう。

そうすると、「ああ、自分はこういう反応や解釈をするのだな」「こういう気持ちでいたのだな」「これが大切だと思っていたのだな」と棚卸しできる入口になると思います。

対話に臨む方は、**自分の感情の動きを決して抑えることなく、大切にしてください**。喜怒哀楽を抑えて卑屈にもならず、同時に相手に無作法に感情をぶつけもしないでいきたいものです。

対話とは何だろう？

大切にするとは、**在ることを認める**ことです。

「ああ、在るな、自分は困っていたんだな」と自分の心の動きの痕跡から見つけます。

しかし、そうは言うものの、どうやったらいいのか、何を手がかりにしてアプローチしたらいいかわからないでしょう。

その際に大事なのは、対話のスタンスの3つ目、「**対話とは、目の前で起きている問題の一部であることに気づくことである**」ということ。

マネジャーと部下の例では、部下が思ったように動いてくれない問題に対し、自分がその仕事を肩代わりしてしまうことで、組織の慢性疾患が悪化し、次々問題が発生している構図が見えてきました。

ここで明らかなことは、**マネジャーは目の前で起きている問題の一部である**ということ。

つまり、部下が動かない表面化した問題に対して、**自分がその問題解決を繰り返していくことで、問題が繰り返し起きる構図を上書き**していたことになるのです。

自分も問題の一部かもしれない

この風景が見えてきたことは、非常に重要です。

「自分も問題の一部だと気づく」とは、決してマネジャーが悪いから反省が必要だということではありません。

自分がやっていることが目の前で繰り広げられている問題の一部ならば、そのアプローチの仕方を少し変える手がかりが見つかったということです。

「部下の理解力が足りない」という問題の見方だと、自分はその問題の外側にいて、これは部下の問題であり、部下の問題解決のために何をするかということになります。

しかし、**「自分が相手にしている小さな行いも、問題が繰り返される原因の一つなんだな」**とわかれば、どのようなときにそれが発生するのか、その際どんな感情が芽生えるか、部下も交えて話をしてみると、いろいろな手立てが見えてくるでしょう。

自分が問題の一部だとわかれば、よりよい状態をつくっていく手がかりが得られるのです。

3

対話とは、わかり合うことを目指すものではない

対話とはどういうものなのか、ご理解いただけたでしょうか。

対話とは、想定外の出来事をもたらす他者との間で生じる様々な問題に対して、自分と他者とは違うナラティヴを生きていることを認め、そこにアプローチをしていき、物事を動かしていくことです。

その結果、新たなナラティヴが生まれ、今まで困っていた問題の見方（部下のモチベーションを上げたい等）から、新たなナラティヴの地平に立って異なるアプローチ（部下の困っていることとすり合わせて仕事の指示を出す、フィードバックの中身を変える等）を生み出せるのです。

職場の慢性疾患は、このナラティヴの隔たりに対するアプローチ不足が積もりに積もって発生しています。

だからこそ、対話を通じ、慢性疾患に対して各々がセルフケアを重ねていくことが大切です。

対話は決してわかり合うことを目指して行うわけではありません。

こう書くと驚かれるかもしれませんが、私がこの本で伝えたい対話とは、決してわかり合うことが目的ではないのです。

そうではなく、組織の慢性疾患に対してセルフケアをする核心が対話であると思うのです。そしてセルフケアへの糸口を見つけ、新たなアプローチを発見し、実践し続けながら、必要に応じて方向を改める過程を繰り返していくうえで対話のプロセスは欠かせないのです。

この10年くらいで企業現場でも、対話の重要性が叫ばれてきました。背景には、同じ組織内でも、見えている風景がバラバラになってきていることがわかってきたことがあります。

かつて行われた一橋大学大学院商学研究科の方々による「組織の〈重さ〉」の調査研究では、バブル経済崩壊以降、日本の大手企業は、多角化による肥大化が起きたと指摘されています。

この研究以降もIT導入が進み、以前のような電話でのやり取りも少なくなりました。コロナ禍でリモートワークも急速に普及しています。働き方改革などもあり、上司と部下が互いの状況を共有し合う機会が激減しています。

こうした状況を背景に、対話をしようという流れが高まってきたように思います。

これ自体はとてもよいことだと思います。確かに、互いにわかり合おうと努力することは大切です。

ただし、組織で継続的に実施しようと思ったら、対話が成果に結びつくことを示す必要があります。

多くの組織では、上司と部下が1対1で話す「1《ワン》 on《オン》 1《ワン》」を全社的に導入しようとすると、現場からは「そんな無駄なことに時間を使う余裕はない」と強い拒否反応を受けるようです。

対話はわかり合うことが目的ではない理由

一体、何が問題なのでしょうか。

それは、対話の取り組み自体が形式的で現実の問題から遊離していたり、対話を上から強制したりするからではないでしょうか。結果、仕事の役にはまったく立っていないのです。

わかり合うことを目的とした対話は雑談にすぎない
こんなことがあってさ…
NG
わかる〜

1 on 1自体が悪いというわけではなく、何のためにそれをやるのかという目的が互いに共有されていないのが原因です。

わかり合おうとすることは大切ですが、それが目的の「対話」には違和感を覚えます。

経営者や現場の管理職にとって、わかり合うことを目的とした対話は雑談の域を出ません。具体的に自分たちの困っていることを解決してはくれません。

ときどき、ギスギスした社風を変えたいと対話に取り組んでいるという方から、「現場の部長や役員が対話をしてくれないんです。どうしたらいいですか」と相談を受けることがあります。

私が「なぜ部長は、そんな反応をするのだと思いますか？」と聞くと、「そういうことが大事だとわかっていないから」「話すことに慣れておらずコミュニケーションそのものに問題を抱えているから」「互いにわかり合おうと努力しない風土だから」といった答えが返ってきます。

私は、非常に残念だなと思います。

それはこちらがよいと思う価値観を押しつけているだけで、相手の拒否反応の理由に向き合えていないと思うからです。

押しつけがましい「対話」は、対話ではない

多くの人たちは会社の文化や風土など、抽象的な問題に困ってはいません。困っていることが何かはっきりしないので、文化や風土が問題だと表現しているだけです。

経営層なら、もっといろいろなアイデアが出てほしい。ミドル・マネジャーなら、最近部下の元気がないなど、困っていることはみんな具体的です。

はたして、対話をしようと呼びかける人は、そうしたことにどのくらい向き合っているのでしょうか。

そうした方の中には、わかり合うことすら放棄し、ひたすら自分の成果を忙しい人たちにわかってほしいと押しつけている人も多いのではないでしょうか。

それでは拒否されて当然です。その人自身が、相手を理解することを拒んでいるのですから。

対話が大事だと言っている人たちが、まったく対話ができていない。こんな現実が少なからず見受けられます。

この背景には、自分たちの「対話」は正しい。互いにわかり合うことは不可欠で、素晴らしいことだという前提が見え隠れします。「対話」という言葉の持つ理想主義的な響きに目を奪われ、大事なことを見落としているように見えます。

これでは、形式としての対話をしているが、実質としての対話をしていないのです。具体的な問題に困っている最中に、「わかり合うために対話をしましょう。今までの組織の文化を変えましょう。みなさん、もっと話す練習をしましょう」と言われたら、カチンとくるのは当然でしょう。

忙しくて悠長にそんなことをやっている暇などないと感じるのも当然です。世の中で言われている「対話」が一方的な押しつけになっていて、いかに対話になっていないか強い問題意識を感じます。

本書で言う対話の目的は、わかり合うことを目指そうと呼びかけるものではなく、組織の慢性疾患へのセルフケアにあります。

対話と言っていますが、一般的な「わかり合うための対話」とは大きな隔たりがあり、現実と向き合い、変革をしていくための方法であることを感じていただけたでしょうか。

4

対話を通じて、もっとよい助け方を身につける

ここまで対話とは、目の前の問題に対して、相手だけでなく自分もその問題の一部であることを発見し、そのことを通じてよりよい組織の状態をつくっていくこと。互いにわかり合うためのものではなく、具体的な問題に向き合うことが大事だと述べてきました。やっかいな他者という存在をぬきに、今よりよい状態はつくれません。自分のナラティヴの内側での正しさに留まる独話（モノローグ）ではなく、他者の存在を通じてよりよい現実をつくっていこうとする対話（ダイアローグ）が大切です。

新しい事業企画の提案制度を設けたが、メンバーから提案が上がってこないことに悩んでいるミドル・マネジャーの例を考えてみましょう。

問題は責任感の欠如ではない

「部下から提案が出てこない」という現象に対し、「提案を上げてこないのは、仕事に対して責任感がない」と部下に失望したり、怒りを覚えたりすることもあるでしょう。何度もメッセージを発したり、数値目標を設定したりしたかもしれません。

「何かいい事例はないか」「モチベーションを上げる方法はないか」と書籍で勉強したり、部下に研修を受けさせたりしたこともあったでしょう。

しかし、このとき、マネジャーは、自分が問題の一部であるとは考えていません。あくまでも自分の外側で起きている問題に対し、どうやって解決策を見出せるかというスタンスです。

これについて、「自責と他責」で説明されることがあります。

つまり、自分の責任と考えるか、他人の責任と考えるかで、その後の行動が大きく変わる。責任感が欠如していると、人任せになるというわけです。

これは本当でしょうか。

責任感の欠如ではなく、問題に対してどうアプローチしたらいいのか。問題の解釈が自分のナラティヴに縛られてしまい、それ以外の解釈ができず、マネジャー自身モヤモヤしている状態だと思うのです。

困っていてなんとかしたいけれど、他の方法もないし、どこから手をつけたらいいかわからないから、やむをえず現状のナラティヴで問題解決を続けているのです。

ある意味、自分一人で責任を引き受けてしまい、結果として、既存の問題解決法から抜け出せない状況になっています。

この構図は慢性疾患の一つでもある依存症とよく似ています。アルコール依存症や薬物依存症などを研究したエドワード・J・カンツィアンらによると、**依存症は「自己治療」として生じる**といわれています。『人はなぜ依存症になるのか――自己治療としてのアディクション』（星和書店）の訳者で精神科医として依存症ケアをされている松本俊彦先生によると、自己治療とは、つらい状況にある人がなんとか自分を支えようと、「心の松葉杖」として、薬物使用や嗜癖《しへき》行動（ギャンブル依存、買い物依存等）を繰り返すことを意味しています。

アルコール依存症などを抱える人たちのライフストーリーを調べると、過去に人間関係での苦労を重ねている／現在経験していることが見えてきます。

過去極めてつらい経験をしたが誰にも頼れず、自分でどう対処したらいいかわからないまま頑張って生きてきたり、ＤＶ被害を受けてそれにどう向き合ったらいいかわからず、一人で苦しんでいたりします。

そんな孤立した中での苦痛が続いているために、薬物やアルコール依存になったり、その他の嗜癖行動を繰り返したりしていることがわかってきました。

苦痛軽減の継続的な実施、つまり、自分の苦痛に対してある種の治療行為（お酒を飲んで気を紛らわす等）を行い続けることが、薬物使用や嗜癖行動だというのです。

依存症という表現は強いので、別の表現をするなら、自分なりに自分を助けようと一人で必死に頑張っている状態、「孤立状態の中の自分助け」と呼んでもいいかもしれません。

でも、その自分助けの方法が、自分自身だけでなく周りをも傷つけてしまうものなら、もっとよい助け方を見つけ出す必要があります。

自分や周りの人たちを傷つけてしまう自分助けの方法（＝依存症）に至る背後には、問題に対する孤立無援の状況があります。この孤立こそ最も恐れるべきものです。

一人で悩んでしまって、何に困っているのかよくわからなくなってしまうからです。

他者との依存関係を構築できるか

依存症をケアするには、まず自分自身が依存症であることを認識するところからスタートします。そして、自分の考えていること、心の動きをよく観察する方法を身につけ、依存症のトリガーとなる出来事を避けるスキルを身につけていきます。

これを一人でやるのではなく、同じような苦しみを抱える当事者同士のグループでミーティングをしながら、自分が抱えている問題を少しずつ周りの人たちと共有していき、**他者との依存関係を構築できるようにしていくことが有効**だといわれています。

つまり、孤立を少しずつ解消しながら、ものではなく、人に正しく依存できるようになることで回復を目指します。人に正しく依存できれば、薬物や嗜癖行動に依存する必要が薄れてきます。

大事なことは、依存症の回復は一度回復して終わりではない点です。

依存症は医学上、慢性疾患とみなされています。したがって、回復「し続ける」ことができるように、互いに助け合いながらセルフケアをすることが大切です。よりよい寛解状態を維持し続けることが、依存症から回復する本当の意味なのです。

同じような悩みを抱える話し相手を見つける

このような依存症の構図で先の問題を考えてみると、いろいろなヒントが見つかりそうです。

大事なことは、問題への向き合い方、関わり方を考えるうえで、他者との関わり方を変えていき、孤立状態で依存症になることを回避することです。

たとえば、「部下がどうして提案してこないのだろう。なんとかしなければならない。これは上司である自分の責任だ」というナラティヴだと、一人きりで悩みを抱えることになります。

このとき、悩みを打ち明けられる相手がいたら大変恵まれています。しかし、なかなかそうではない方もいるでしょう。

少なくともまずできることは、「なぜ部下が自分の思った行動をしないのか。何か理由があるのかもしれない。少し観察をしてみよう」「話しやすい関係の部下に聞いてみよう」な

どうして提案してこないのだろう
ダラけている部下だな…
数字が足りないよ…
モヤ
モヤ
提案してもダメ出しばかりじゃないか…
打開策ってそもそも上司が考えるものだよな…
自分なりに頑張っているのだけど…
何が起きているのかしら…

ど、観察をスタートさせることです。「自分がわかっていないことがわかった状態」に立てると、少し前に進む手がかりが得られます。

私は『他者と働く』の中で、このような段階を**対話の準備段階**（自分のナラティヴを脇に置いて相手を観察する準備をする）と呼んだのですが、なかなかこれを実行するのが難しいという声をよく耳にしました。

「観察をしているんだけれどよくわからない」「こちらがいろいろ気を遣っているのに相手に伝わらず腹が立つ」など、いろいろな声がありました。

つまり、対話の入口を見つけるのはなかなか難しく、従来と同じ助け方（問題解決方法）に留まり、ご本人も苦しんでいます。

この状態の方に「自責と他責」の言葉をぶつけるほど残酷なものはありません。孤立を深め、依存症状態を悪化させるだけなので避けるべきです。

自分の感情、心の動きをひも解いてみる

では、どうしたらいいのでしょうか。

まずなによりも大切なことは、**自分の感情、心の動きをひも解いてみること**です。できれば、誰か信頼できる相手がいればベストでしょう。自分自身は一つの考えしかできない。自分は一人しかいないからだと思っている人も多いかもしれません。

しかし、自分に対して自分なりに別の角度から光を当ててみると、自分という存在は、様々な角度から一つの出来事について考えていることに驚くかもしれません。

先のマネジャーであれば、目の前で部下が動かない状況に対して「部下が動かない。どうしたらいいだろう」と言っているものの、実際にはそれだけを考えているわけではありません。もっといろいろ考えてはいるのです。

マネジャーが「どうして部下が思ったような行動をしないのか」という困りごとを抱えているときに、何を感じているのでしょうか？　部下が自分についてこないことへの恐れや不安でしょうか。

もしそうなら、それがどう不安なのでしょうか。

成果を出さなければならないプレッシャーでしょうか。自分の前にマネジャーだった先輩はうまくやっていたのに、自分は成果が出せないみじめさでしょうか。同期に出世の遅れを取る焦りでしょうか。

そうした感情は何を目指しているから生じるのか。よい成果を出したいのか。部下に冷たい目線を向けられずに、よいチームワークを築きたいのか。では、よいチームワークとは何か。きっと思い浮かぶことがたくさんあるはずです。

人はいろいろ考えていますが、多くは**声にならない声としてモヤモヤと抱えています。**しかし、表に出てくる言葉は、その複雑さに比べたらとても単純です。

複雑な心の動きや考えを単純化して問題解決してしまうと、モヤモヤが残ってしまいます。

問題は複雑な背景を持って出てきている

先の依存症もそうですが、別にアルコールを飲みたくて飲んでいるわけではなく、つらい現実に対処しようとして飲んでいるわけです。

でも、やめようとした人は「もう酒をやめたい」というひと言に対処しようと、酒を我慢する行動を取り、いつか挫折してしまうのです。表に出ている問題だけではなく、問題とはもっと複雑な背景を持って出てきているのだと知る。そして、よく自分の心の動きを観察するのがとても大切です。

ただ、これを一人でやるのは自己嫌悪を深める可能性もあり、とてもリスキーです。だから、他者を含めた対話という方法が必要なのです。

これは部下のケースでも同様です。部下が動かないときに、部下の行動の背後に何が生じているのかをマネジャーはじめ、誰も知りません。

マネジャーが自分のナラティヴにこもってしまうと、部下の言動を単純に解釈して、いつまでもうまくいきません。

今の状況を少しずつ好転させていくには、単純化して理解しているものを一度脇に置き、その背後でどんなことが繰り広げられているのか、発した言葉の意味は何か、しっかり解きほぐしていく必要があります。

「あれ？　自分はどんなときに部下のモチベーションが低いとか、理解力がないとかイライラしているのだろう？」

「あれ？　部下は、どんなタイミングに動かないのか？」

と一つひとつ解釈していくことが大切なのです。

「なぜ？（why）」と問わない理由

このとき気をつけるべきことは、「なぜ？（why）」と問うのをやめてみることです。「なぜ？」ではなく、「どんなときに？」「いつ頃から？」「どんなきっかけで？」のようにwhenを問うたり、「どんなふうに？（how）」や「関わっている人は誰だろう？（who）」と自問自答してみるのです。

「なぜ？（why）」と問うと、今のナラティヴとは違う複雑な風景を見ることができなくなってしまいます。

たとえば、「なぜ部下はモチベーションが低いのだろう？」と問うと、マネジャーの批判的な視点が強化され、「部下は若手世代で、自分で事業を開発したことがない。事業に対しての責任感が足りないからだ」という理由づけになりがちです。

そうではなく、もっと相手の複雑さを知るには、「いつ頃から部下はモチベーションがなくなってきたのだろう？」と問うと、いくつかエピソードが浮かんでくるかもしれません。既存のナラティヴとは違う風景の観察が可能になるのです。

whyと問わない

他者とともに問題に向き合っていく姿勢

こうした解きほぐしから具体的な手立てを考える手順を踏むと、お手上げだった「孤立状態での自分助け」の状況から抜け出す手がかりが得られます。

先ほどの依存症ケアの方法も同様です。自分がなぜアルコールなどの薬物を使い続けなければならなかったのかを解きほぐしていくプロセスは、光明を見出すアプローチです。

大切なのは、一人でこの作業を行うのでなく、他者と行うことです。

対話は、他者とすることによって、自問自答するよりはるかに大きな力を発揮します。

他者から自分がどう映るのか、フィードバックを得ながら、起きている問題について向き合いましょう。

他者とともに問題と向き合っていこうと取り組み始めたとき、そこに関わる人々は、それまでとは別の道を歩み始めているのです。

5

対話の過程で生じることに向き合うと見えてくるもの

次に、対話の過程でどのようなことが生じるかについてお話ししていきましょう。

前に触れたように、対話とは、これまで組織の中で見聞きしてきた様々な出来事や人々の言動の断片を紡ぎ合わせて、新しい解釈の地平を生み出していくこと。対話により各々のメンバーが見えている風景が変わるのです。

具体的にどういうことでしょうか。

あるマネジャーが、新たにつくられた部署のリーダーに抜擢されました。この会社にとっては新しい取り組みでした。しかし、「自由にやってくれ」と言うばかりで、明確な方針はありません。

社内でも新部署はなかなか認知されず、ミドル・マネジャーは、「これではやりようがないではないか」とフラストレーションが溜まっていました。

マネジャーがトップの悩みを想像してみると……

このとき、マネジャーは、まず自分のナラティヴを脇に置き、自分がどんな感情なのかを観察してみました。すると、「せっかく新部署ができたのに、このままでは成果が出せない。3年くらいで部署がなくなるのではないか。自分のこの先のキャリアも心配だ」ということがわかってきました。

心配や不安がわかれば、他の人に相談して、アドバイスを求めることもできます。

そうした中で、トップ・マネジメントの言葉や行動を少し違った角度で解釈できるかもしれないと思えてきました。

今までは「新部署発足まもない不安の中で、自由にやってくれと言うばかりで、方針を示してくれない。予算も大してない。ひどいとまでは言わないが、これでは無理だ」という解釈でした。しかし、ある人に「トップは下からの提案を待っているんじゃないですか？」と言われた瞬間、「あれ？　もしかして、あえてトップダウンで進めず、こちらからの提案を待っているのでは」という解釈の枠組が芽生えてきたのです。

そう解釈すると、今までのトップの言動も整合性が取れているように思えてきました。トップから方針を明示すると、現場の自由を奪ってしまうのではないか。最初から予算が多く配分されていないのは、新部署をつくるのは大きな挑戦なので、まずは下からの提案を待っているのではないか。

方針を待っていたマネジャーも、何をやったらいいかわからない不安があり、トップも現場の自由を阻害しないかという不安があります。

実は両者とも不安を持ちながら悩んでいたことが見えてきました。

これにより、トップの想いや全社的な課題などを踏まえ、こちらから方針提案し、意見をもらうアプローチが両者にベストと思えてきました。

様々な断片について、自分の感情を棚卸ししつつ、他者の声も交えながら組み合わせてみると、今までの平面的な解釈とは異なる立体的な理解が得られます。そうなれば、自分なりにこの状況に対してアプローチする具体的な仮説が得られるのです。

仮説は検証することで、正しいところや違うところが出てきます。検証は具体的なアクションをすることが一番効果的で、この場合はトップにこちらから提案をしてみるのが有用です。

スムーズに受け入れられることもあれば、そうでないこともあるでしょう。大事なのは、スムーズに受け入れられたときに、「ああこれで全部OKだ」と解釈してしまわないことです。

たとえ、受け入れられなかったときも「これで全部ダメだ」と解釈してはいけません。他者の反応は、次のアクションのとても重要な手がかりだからです。逆に、うまくいったとしても、相手が同じように解釈しているとは限りません。たまたまうまくいっただけかもしれないからです。

「同じ方向を向くことが大切だ」に反論する

よくビジネスでは「社員が同じ方向を向いていることが大切だ」と言われますが、本当にそうでしょうか。

そもそも、同じ方向とは何でしょう。最終目標として、会社の利益や社会貢献につながるという意味で同じ方向を向いていることはとても大切だと思います。それが営利企業のあるべき姿です。

しかし、同じナラティヴを生きることを強いるのは警戒すべきです。そこには、上司の考えを部下に強要する願望が見え隠れするからです。

誰でも自分が提案したことにネガティブな反応をされたらショックです。

しかし、何がショックだったのか、自らの感情を棚卸ししてみるのが肝心です。

自分とは違う世界で生きていた現実を突きつけられた、味方だと思っていたのに裏切られた、という気持ちが湧き起こってきたのかもしれません。

ただ、あなたの提案に価値がないわけではありません。相手のナラティヴとの間の溝にうまく橋が架からなかっただけです。では、そこからどうやっていこうかと考えることはできますし、仲間をつくっていくこともできます。

同じ会社であっても、階層や部門、勤務地が違うだけで、私たちはともに異なるナラティヴを生きています。

家族もそうです。妻と夫、子どもでは関わる人が異なりますから、まったく違うナラティヴを生きています。

ただ、家族の場合、互いのナラティヴの溝に直面すると、必要以上に腹が立ったりすることはないでしょうか。私は家族よりも企業のほうが営利集団という資本主義的な合理性を共有できるので、まだやりやすいと思います。

家族であっても、企業であっても、みんなが同じ方向を向いていないから、また別の視点から助け合えるのです。

だから、同じ方向を向くことを目指さなくてよいのです。

あなたが同じ方向を向くことを強いられたらどうでしょう。押しつけがましいな、暑苦しいなと感じ、反発すると思うのです。

同じナラティヴを生きていなくても、ともに仕事はできる

さらに、互いにわかり合っていると思い込んでいる集団は、極めて脆弱です。実際には全然違う風景が見えているのに、それを共有することが許されないからです。

それよりも、それぞれが違う現実を生きながら、必要に応じてそれぞれが見ている現実の断片を組み合わせ、立体的に新たなナラティヴを構築できる関係のほうが、よほど強いのです。

一つ面白い調査があります。

自殺の少ない地域を調査した精神科医の森川すいめいさんが書いた『その島のひとたちは、ひとの話をきかない――精神科医、「自殺希少地域」を行く』（青土社）で、森川さんは

いくつかの自殺の少ない地域を回ってフィールドワークをしたのですが、そこで見えてきたのは、非常に興味深いことでした。

それは、自殺を予防できるのは密接な関係があることではなく、普段はそれほど濃いつながりを持っていないけれど困ったときは助ける関係だというのです。

これを私なりに解釈すれば、**人間は互いに違うナラティヴを生きている。**それぞれに人生のステージがあり、人生も多様だという価値観に同意しているのだと思います。

互いのナラティヴが同じという前提に立てば、相手の意外な言動に際し、「どうして違うんだ」と腹を立ててしまい、「あの人に何かが起きているのかな？」とは思わないでしょう。

一方、**互いのナラティヴは違うという前提に立つと、「どんなことが起きているのか」と観察をスタート**できます。「最近あの人の具合が悪そうだ」など小さな変化も感知できるようになります。

大事なのは、**同じナラティヴを生きなくても、ともに仕事はできる**ということです。

人間は互いに違うナラティヴを生きている

新しいナラティヴが生まれる瞬間

異なるナラティヴを生きている人々が組織の中にはたくさんいる。その違いから見えてくる異なる解釈の断片を組み合わせ、新たなナラティヴを生み出していく。これが対話の中で起きていることです。

ある意味、これは物語の「伏線の回収」です。よい物語には、必ずうまい伏線がありますが、「ああ、こういうことだったのか！」とどんでん返しと伏線が合致したとき、ぐっと物語に惹きつけられます。

対話の過程とは、様々な人たちが見ている現実が組み合わさることで、「ああ、あの発言はこういう意味だったんだ！」「あの出来事って、この観点から考えると、最初は嫌だったけれど、すごく大事な出来事だったね」と違う視点が見えてくるのです。

これが、新たなナラティヴが生まれた瞬間なのです。

そのためには、他者のナラティヴをうまく組み合わせていくことが大切です。次章では、この点を乗り越えるための具体的な対話の方法「2 on 2」を紹介しましょう。

// column //

他者を交えて対話することに意味がある

「気軽に話してくれたらいいのに」「困ったことがあればいつでも相談して」と上司はよく口にします。でも、なかなか気軽に部下が困ったことを相談するのは難しい。物事がうまく運ばないと、つい「どうしてもっと早く話してくれなかったの？」と言いがちです。

どうしてこんなことが起こるのでしょうか。理由は3つあります。

一つ目は、気軽に相談してくれと言われても、なかなかできないものです。「権威・権力の作用」と言えます。

2つ目は、部下には言葉にならないモヤモヤがあるからです。話せばわかるのではなく「わかっているから話せる」のです。

3つ目は、話しても伝わらないあきらめです。同じ部署であっても、各々異なるナラティヴを生きていることが理解できないと相手に伝わりません。

私が依拠するナラティヴ・アプローチの様々な研究や実践領域の一つに、医者と患者のコミュニケーションの難しさを取り上げたものがあります。ここで指摘されていることは、医者が丁寧に説明したり、選択肢を示したりしても、患者の訴えとかみ合わない問題です。

患者は自分が抱えている苦しさを表現できるものではなく、たとえそれを訴えても伝わらないだろうと思っています。話せばわかるというのは幻想です。話したってわからないのです。だからこそ、個々人が想像力をふくらませつつ、他者を交えて対話することはとても意味があるのです。他者がいると、何がわからないかがわかるからです。

第 4 章

新しい
対話の方法
「2 on 2」とは何か

1

2on2は対話モードで問題に向き合うための方法論

2on2とは、他者の力を借りて、普段自分のとらわれている解釈の枠組からいったん離れて物事の見方を変える、**4人で行う対話の方法**です。

4人で実施することで、それぞれの理解の断片を持ち寄り、どんな問題が起きているのか、それはどんなメカニズムで発生したのか、何から着手したらいいかを考えていくことができます。

2on2の目的は、普段きちんと話し合えていない組織の慢性疾患問題に対し、具体的に起きている問題を話し合っていくことで、問題発見や対処方法を向上させることにあります。

2on2を通じて、放っておくと致命的なダメージをもたらす問題を見つけ、自分がその問題の一部だと気づき、具体的な手立てを講じる入口を見つけていきます。入口さえわかれば、その方策を講じていく準備が整います。

対話を通じて見えている風景が変わる

2 on 2は、対話モードで問題に向き合うための方法論なのです。

ここであえて「入口を見つける」としている理由があります。

多くの組織の慢性疾患は、表面化した問題を単純化し、手っ取り早く解決しようとして悪化していきます。これを**対話モード**に対して「**問題解決モード**」と呼びます。

前述した「負け癖がついた部下」の例もその典型です。部下が動かないと管理を強化した結果、余計に動かない悪循環になりました。なぜこうなったかと言えば、表面化した問題より複雑だからです。これを解きほぐさないと、いくら問題解決しようと思ってもうまくいきません。

今までのような手法ではなく、もう一歩踏み込んだ問題との向き合い方、問題へアクセスする入口を見つけることが、状況をよりよくしていくのです。

2 on 2が有効になる兆候

社内で次のようなことが繰り返し起きていたら、2 on 2にトライしてみるチャンスかもしれません。

・手挙げ制で新規事業開発プロジェクトに抜擢された若手の直属上司が兼務に反対して協力的でない
・新しい商品を企画しても、「本当に売れるの？」と事業部につぶされてしまう
・スタートアップ企業と新たな提携をしようとしても、リスクばかり指摘され、話が前に進まない
・部下たちが自発的に仕事をしてくれない。自分で考えて動いてくれない
・ずっとパフォーマンスの低いメンバーがいるが、何度アドバイスや相談に乗ってもよくならない
・新しい人を採用してもすぐ辞めてしまい、離職率低下に歯止めがかからない
・自由闊達《かったつ》に意見が出る部署にしたいのに、全然意見が出てこない
・組織診断の結果、「とても状態が悪い」と指摘され、人事部から改善を求められている
・実際、チームの雰囲気も暗いが、何をやったらいいかわからない

冒頭の若手の上司が兼務に反対するのは、自分の部署の人員が減るからです。

実はこの背後に、新規事業に取り組む意義が腹落ちできていないというもっと複雑でモヤモヤした問題が潜んでいます。前述した問題解決モードでは決して乗り越えられません。

何に困っているかよくわからない大問題

そうは言うものの、問題解決モードから「対話モード」に切り替えるのは大変です。

私たちは実際のところ、**何に困っているのかよくわからないから**です。

でも、何かに困っていて、なんとかしたいと思っているのは事実です。

よく「危機感が足りないから」と非難する人がいますが、それは違います。

危機感があっても、どんな手立てを講じたらいいかがわからないケースは山ほどあるのです。

つまり、何に困っているのかわからないというもっと難しい大問題に直面しているのです。それなのに、手っ取り早い解決策で問題を単純化してしまうと、問題解決策依存症になる可能性があります。

大事なのは、危機感ややる気をあおることではないのです。

2 on 2の独特な問題の掘り下げ方

まず、依存症を生む困りごとが何かを少しずつ解きほぐしていくことが肝心です。入り組んでいる問題ですから、すぐには解決しません。一歩ずつ進みましょう。

でも、何が問題なのか、今すぐ何ができるかを自分たちなりに考え、表面化した問題の背後にあるものを探し、具体的に方策を見つけること。この旅路を歩み始めていくことが、職場の慢性疾患を少しずつ改善していくことなのです。

2 on 2は特別な方法ではありませんし、必ず採用しなければならないわけでもありません。ぜひテクニックより、**2 on 2の独特な問題の掘り下げ方**に着目してください。

問題解決モードがなぜ依存症をもたらすのか。どうしたらそこから違う道を探れるのか。そこを探求しながら、一歩ずつ着実に、慢性疾患に対するセルフケアによって回復の道を歩みましょう。

2

2 on 2は4人1組で行う

では、2 on 2は具体的にどのように進めたらいいのでしょうか。

ここでは基本的な実施方法について紹介します。

2 on 2は合計4人（A、B、C、D）を2対2のα《アルファ》、β《ベータ》2チームに分けて実施する対話の方法です。

（1）2 on 2を進める6つのステップ

1．対象者の選定

2 on 2の狙いは、組織の慢性疾患に直面している当事者が、他者の視点を取り入れながら解決の糸口を見つけることです。

想定しているビジネスシーンは、同じ部署の中や部署間での組織の慢性疾患です。

2 on 2の参加メンバーの選定・招集は、問題を抱える当事者が行います。その場合、大事なのは、本当に困っている本人が会話の口火を切ることです。本人が困ってもいないのに「あなたにはこういう問題がある」と話をさせてはいけません。

なにより大事なのは、Aさん（153ページ図表2）**はみんなの前では日頃あまり話せないでいるが、大事な話をしたい人**であることです。

後の3人は、問題に関わっている人を一人、問題に直接関与していない人をそれぞれ一人入れてください。

部署全体など大人数で実施する場合には、事務局がターゲットとする人たち（管理職層等）から事前に困っていることを集め、それに基づきグループ構成を決めましょう。**絶対に、これが問題だと決めつけて話させることは避けてください。**

2．人数

基本は、4人1組です。

ただ、必要に応じてファシリテーター役が入り、5人でも可能ですが、人数が増える分、時間配分を調整します。

人数が増えるとその分時間がかかるので、多くても6人以内でやりましょう。

5人のときは、2人ずつ（AとB、CとD）2チーム（αとβ）つくり、その他に一人（E）を置いて、Eさんがファシリテーター役を務めます。

3．座席配置

上の絵のように、α・β2チームに分かれ、2人ずつが向き合う形でいすに座ります。机は必要ありません。同じチームの人は、互いの会話が聞き取れる距離を取ってください。

2on2はZoomやTeamsといったオンラインコミュニケーションツール上でもできます。オンラインの場合は、話すチーム以外は、音声と画面をオフにします。

オンラインだと、相手チームの存在感が薄くなるので、オンラインのほうがうまくいく

図表2　2 on 2の役割と行動

チーム	問題からの距離	役割・行動	
αチーム	近 （当事者）	Aさん （当事者役）	• Aさんが問題の当事者として、自分の困りごとについて会話の口火を切る • チームでの会話とβチームからのフィードバックを通して、Aさんの抱える困りごとを具体化する
	↑	Bさん	• βチームが話している間は黙って話を聞く • Bさんは問題の背景を聞く 例：「そのとき、どんな気持ちでしたか?」 「いつからその問題は起き始めましたか?」
βチーム	↓	Cさん	• αチームで語られている問題が明らかになるよう、チームでの会話を通して間接的なフィードバックを行う • αチームが話している間は黙って話を聞く
	遠 （外部者）	Dさん	• 一人は外部者の立場を取り、Aさんの問題を掘り下げていくために、欠けている視点がある場合に「私からはAさんの話はこう見えます」と投げかけを行う • CさんとDさんは問題解決をしない ×「どうしたらいいですかね」 （表面的な問題のアドバイス） ○「結局、何が問題なんですかね?」 （困りごとの掘り下げ）
ファシリテーター（任意）		Eさん	• 4人とは別にファシリテーターを立てる場合は、外部者の役割をファシリテーターが担う

図表3　2 on 2の時間配分

ターン	セッション	時間
	セッション	時間
1ターン目	インストラクション	10分
1ターン目	αチーム	10分
1ターン目	βチーム	10分
1ターン目	ファシリテーター（任意）	5～10分
2ターン目	αチーム	10分
2ターン目	βチーム	10分
2ターン目	ファシリテーター（任意）	5～10分
2ターン目	全員で問題に名前をつける	10分

ケースもあります。オフラインで時間が取りにくい場合はぜひ活用してみてください。

4. 役割分担

図表2のようなチーム・役割に分かれます。

2 on 2では多様な視点からの投げかけが重要となりますので、隣の部署の人など、問題と関係のない人（外部者）を一人入れることが望ましいです。外部者はβチームに入ります。

5. 時間配分

所要時間はやり方の説明を入れて60分が基本です（図表3）。チームごとに話す時間（ターン）は10分。各チームが交互に、計2ターンずつ話します。

最後は、4人で困りごとの当事者であるA

さんが持ち込んだ困りごとから見えてきた問題に名前をつけます。ファシリテーターが参加する場合は、βチームの会話の後に発言します（5～10分）。

6．各ターンで話す内容

1ターン目では、次のような投げかけを通して、Aさんが困っていることは何であるかを解きほぐしていきます。困りごとが明確にならない場合は、2ターン目でも次のような投げかけをしながら話を続けます。

〈BさんがAさんにする投げかけ〉
・何に困っているか
・どのような場面でその困りごとが起きるか
・それが起きるとどんな気持ちになるか
・それについて、Aさん自身はどう思っているか
・周りの人たちはどんなふうに思っていると思うか

2ターン目では、問題の背景を表出させながら、Aさんと問題との関わりを解きほぐし

ていきます。

・その問題はいつから、どんなきっかけで生じるようになったか
・どんなときによく発生するか
・もう一度同じ問題を起こすにはどうしたらいいか。もっと悪くするにはどうすればいいか（反転）
・問題について語られてこなかったのはどうしてか
・問題に名前をつけるなら、どんなネーミングが考えつくか

(2) 2 on 2実施の注意ポイント

1. 2 on 2でお勧めするテーマ

2 on 2で話すべきことは、なによりも問題の当事者が困っていることです。**当事者が困っていることについて語ることが大切で、**他人や組織単位の困りごとについて語ってもあまり意味はありません。

他人や組織がテーマだと、当事者と問題のつながりが薄くなってしまうからです。これでは、問題解決モードから抜け出す入口が見えてきません。

「誰々のこんな行動に困っている」という場合は、問題と当事者の関わりが薄くなりやすい。ですから、

・そのとき、自分がどんな気持ちになるか

・何が嫌なのか

・相手がその行動をしなくなったときに残るものは何か

について話せると、問題の見え方が変わってきます。

自分が上司で、「部下Gのパフォーマンスが上がらないから、Gは困っているはず。Gに当事者役（A役）をやってもらおう」と思いがちですが、これはお勧めしません。

この場合に困っているのは上司であり、Gさんではないからです。

Gさんにも困りごとはあるでしょうが、それは上司とは異なるものでしょう。当事者役（A役）はその上司が務め、「Gのパフォーマンスが上がらなくて困っている」と語ればいいのです。**具体的に、自分が困っていることについて話す**ことが大切です。

なぜでしょうか。

Gさんが困っているかどうかは、上司の解釈にすぎません。それをGさんに押しつけて

しまっては、問題解決モードのままで対話モードに切り替わらないからです。

対話する意義は、上司のナラティヴとは異なるナラティヴからどのように物事が解釈されているのかを知り、そこから新しいアプローチを見出していくことにあります。困っている当事者こそ、当事者役を担うべきなのです。

また、テーマについても、一時的な問題より**繰り返し起きている問題を扱う**ほうがいいでしょう。そうした問題には、背後に慢性疾患が潜んでいることが多く、一見別に見える他の問題とも関連していることがあるからです。

たとえば、新メンバーに対して、成果は求めるものの親切なサポートはしないため戦力化できないということがあったとしましょう。

こうしたことが繰り返されているとき、他のメンバーも、成果へのプレッシャーから、困っていることをなかなか共有できず、ギスギスした状態にあるかもしれません。

新メンバーの問題を対話で掘り下げていくと、慢性疾患化している問題とつながっている可能性があります。繰り返し起こる問題を日頃から注意して観察しつつ、対話をしていく姿勢が大切です。

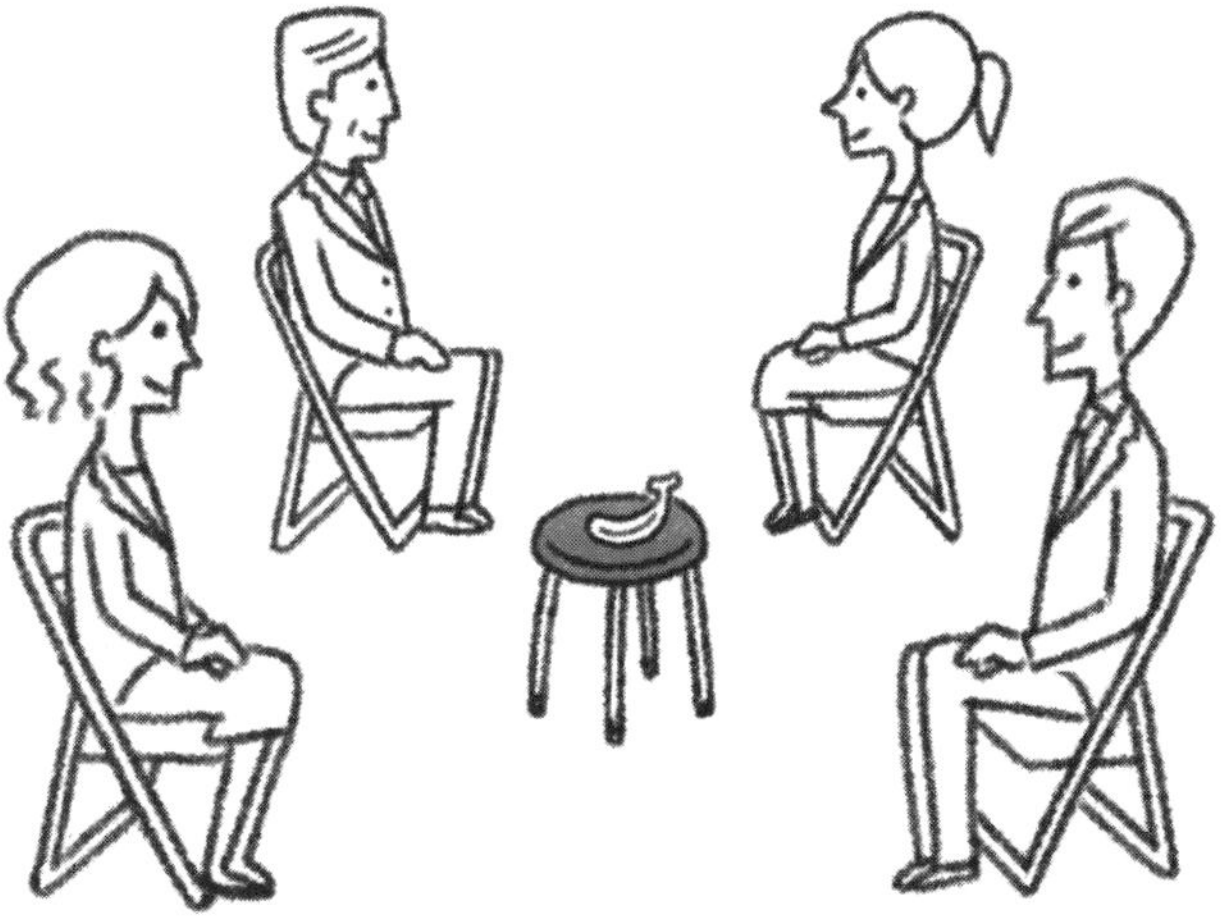

2. 問題解決しない

2 on 2で最も重要なポイントは、一気に問題を解決しようと思わないことです。**問題解決モードを抜け出し、対話モードで慢性疾患に迫る。**これが本書で目指しているものです。

まず、何らかのアイテムを決めておき、誰かが問題解決モードに陥ってしまったら、そのアイテムを掲げてみんなに知らせます（問題解決しようとした本人が掲げてもかまいません）。

私が実施する際は、おもちゃのバナナを2 on 2の真ん中に置き、問題解決モードになった人がいたら、別の人がバナナを持ってさりげなく知らせます。

別にバナナでなくてもいいですが、ちょっとコミカルなものがあると場がなごみます。オンラインツールなら、挙手ボタンを使うのもいいでしょう。

相手が話をしているときに発言を遮《さえぎ》って「それは問題解決モードだ」と伝えるのは勇気がいりますが、おもちゃのバナナや挙手ボタンなら、ゲーム感覚でできます。

ビジネス社会では、問題解決はよいことだと教えられてきたかもしれませんが、表面化した問題解決ばかりに目が行くと、背後の慢性疾患に気づけません。だからこそ、2 on 2の最中に問題解決モードになりそうな人がいたら、すぐに指摘し、軌道修正を行うのです。

問題とは、慢性疾患の存在を組織全体に教えてくれるありがたい存在です。問題解決モードから抜け出せた組織は、問題への対処力を高め、さらによくなっていきます。

問題を「慢性疾患のアラート」と捉え、アラートを必要としない状態にしていくにはどうすればいいか。そのために、2 on 2を実施するのです。

3．反転の問いかけ

2 on 2は、慢性的に生じる問題のメカニズムを知り、どこから手をつけていくかを探る方法です。しかし、長い時間をかけて慢性化した問題を解き明かすのは容易ではありません。
そこで、問題を「**反転**」させ、「**他部門で同じ問題を発生させるにはどうするか？**」など、同じ問題を発生させる問いを考えてみます。
次の3つの問題を「反転」させてみましょう。

■「反転の問いかけ」の例

問題1：「部下が私の指示に従わないことがある」
反転1：「部下があなたの指示にまったく耳を貸さない状態にするには、どんなことができますか？」
反転2：「新人を上司の指示に従わないよう育て上げるには、どんな経験を積ませることが有効でしょうか？」

問題2：「自分一人で仕事を抱え込み、成果が挙がらない」
反転1：「他の人があなたの仕事に一切手を出せない状態にするには、どんな工夫ができますか？」
反転2：「部下や同僚にも、仕事を抱え込んでもらうには、どんなふうに教えますか？」

問題3：「重要懸案事項があるのに、互いに忖度して意見を言わない」

反転1：「互いの顔色を気にし合って必要なことを言わないチームになるために、あえてやったほうがいいのはどんなことでしょうか？」
反転2：「新人マネジャーに大事な問題をさらに先延ばしにするチームをつくる方法を教えるとしたら、何をどう教えますか？」

反転することで、問題そのものより**発生プロセス**に目が向くようになります。また、**自分がその問題とどう関わっているか**が見えてきます。

4．問題に名前をつけ、「妖怪探し」をする

2 on 2では、明らかになった慢性疾患に名前をつけます。さらに、それを絵にして具体的に見える形にします。これを私は、組織に住んでいる「**妖怪探し**」と言っています。妖怪に名前をつけて絵に描いたら、その生態を研究してみましょう。

このように問題に名前をつけ観察をする方法を、臨床心理家のマイケル・ホワイトは「**問題の外在化**」と呼びました。問題の外在化により、問題は様々な面を持っていることが見えてきます。

問題に名前をつけ、絵に描いてみて、今までとは違った面を見ていくことを「**当事者研**

究」と呼びますが、ぜひみなさんには、問題に名前をつけ、妖怪探しの当事者研究を行ってもらいたいのです。

当事者研究は、北海道浦河町《うらかわ》にある「浦河べてるの家」という精神障害ケアのコミュニティが生み出したもので、複雑な精神障害のケアに対して、非常に大きな成果を挙げています。精神障害も慢性疾患の一つですが、当事者研究は組織の慢性疾患に非常に有用だと思っています。当事者研究のポイントと注意点を列挙してみます。

■妖怪探しの当事者研究のポイント

- 問題に名前をつける
- 絵に描いてみる
- どんなときにやってくるか
- どんなものを食べ物にしているか（忖度、あきらめ、疲れ、焦り等）
- どんなときに暴れるか
- どんなときに協力してくれるか
- どんな匂いか（汗臭い、青臭い、甘い香り、酸っぱい匂い、目が痛くなる等）
- 妖怪の口ぐせとは何か

・どんな材質か（ベトベトしている、伸縮性がある、とても硬い等）

■**注意点**

・笑いを大切に

〝妖怪探し〟と思ってみんなで取り組んでみると、深刻な問題でも、今までと雰囲気が変わってきます。深刻な問題であっても、妖怪の名を聞くと、みんなが面白がりながら問題にアプローチできるからです。

妖怪探しによって**問題解決モードから自然と対話モードになり、問題自体が何かを探る、探検ゲームのような感覚が生まれる**のです。ぜひ実感していただけたらと思います。

定期的に「妖怪」観察をしながら、みんなで観察結果を持ち寄って2 on 2を行いましょう。

3

2 on 2を実際にやると、どうなる？

では、実際に2 on 2の実例を紹介しましょう。この会社では、発足半年の新商品開発プロジェクトで、2 on 2を行いました（次ページ図表4）。

登場人物

αチーム

Aさん（当事者役）：プロジェクトリーダー

Bさん：プロジェクトメンバー

βチーム

Cさん：プロジェクトメンバー（サブチームのリーダー）

Dさん：部署外のメンバー（今回は進行役）

図表4　2つのチームに分かれて行う

αチームの1ターン目

D：「それでは、Aさんから、現在困っていることについて話してください。その間、Cさんと私は黙って話を聞きます」

A：「今日話したいのは、事業部横断で取り組んでいる商品開発プロジェクトについてです。この半年、組織を挙げてみんなで新しいテーマに取り組んできて、着実に前進しています。けれども難しい部分や、計画どおりに進まない部分もあり、結果として、営業活動開始時期を遅らせました。これからさらにスピードを上げて進めていきたいところですが、チームとしては今ひとつ熱量が高まりきらないように感じていて、どうしていくといいかと思っています」

B：「その状況に対して、Aさんはどう感じているんですか？」

A：「焦りはありますね。ときどきいらだちを感じることもあります」

B：「そうなんですね。私自身がプロジェクトの状態をどう見ているかを話します。考えるべきテーマが多いけれど、各自の関わる範囲は決まっていて、自分がどう関わったらいいかわからない状態だと思います。このプロジェクト以外にもみんな掛け持ちで他の業務があるので、そうならざるをえないところもあると思いますが……。事業としてリソースを集中させてやっていこうと言っていますが、人員の割当も、みんなの熱量としても、そうなってはいないと感じています」

A：「確かに、予算は投下されていますが、人は増えないまま、このプロジェクトの役割が既存業務に追加された状態ですね」

B：「現フェーズでは多くの人を入れずに、少数精鋭で後から増やす方法もあると思います」

A：「うーん、私としては、構想段階からみんなに関わってもらうほうが当事者意識を持ちやすいと思っています。その点は大事にしたいんですよね」

B：「そうなんですね……。もう一つだけいいですか？　今やっていることが正しいかは、お客さんの反応がすべてだと思うんです。なのに、顧客の声を聞きにいくタイミングも遅いんじゃないでしょうか。先日、営業活動に本格的に取り組む時期を遅らせる指示が出ましたが、商品コンセプトの顧客ヒアリングは予定どおり行うべきです。お客さんの反応が得られないことも、チームの士気に影響していると思います」

βチームの1ターン目

D:「では今度は、Cさんと私が話します。AさんとBさんは黙って聞いていてください。Cさん、今のような会話は、プロジェクトの中でもされているんですか?」

C:「メンバー間で話すことはあるのですが、Aさんの意見を聞いたのは今日が初めてで新鮮でした。私はサブチームのリーダーとして、Aさんとはプロジェクトの進捗についてはよく話していたのですが」

D:「初めて聞く話が多かったんですね。Cさんは、AさんとBさんの会話を聞いてどう思われましたか」

C:「Bさんが言っていたように、プロジェクトへのみんなの意欲が高められていないのは事実です。時短勤務の中、他にも業務がたくさんあるので……。集中してプロジェクトを進めるには、おもいきって他業務も含めたミッションの見直しが必要なのではと思いました。後は、私も、コアは少数精鋭であるべきだと思います。現状はAさんがその役割だと思いますが、AさんもBさんもそんなに想いを発信してくれるタイプではないので、みんなで新しいことに取り組んでいる一体感までは生み出せていないと思います」

D：「Cさん自身もチームをよくしようという気持ちをお持ちなんですね。いろいろアイデアが出ていますが、解決策はいったん脇に置いておきましょう。Aさんは結局、何に困っていると思いましたか？」

C：「メンバーが思うように動いてくれなくて焦っていることでしょうか。その中で、Aさん自身もそのことにどう対処していいかわからなくて、いらだっていることかなと思いました。かなりモヤモヤしていそうですね」

D：「そうですね。まずは、この問題にしっくりくる名前がつけられるといいですね。そのために、**『なぜその状況が生じたのか』**、その中で**『Aさんが今のスタンスを取るに至った経験やきっかけは何だったか』**についても聞いてみたいですね。加えて反転して考えてみたいのですが（反転の問いかけ）、今の状況を悪化させるにはどうしたらいいでしょうか。たとえば、チームが思うように機能していないことについて、もっと話さないようにするにはどうしたらいいでしょうか？　あるいは、Aさんやチームメンバーのモヤモヤをもっと大きくするには、どうしたらいいでしょうか？」

C：「今の状況を悪化させるには、Aさんがメンバーに対して指示だけをし続けるとか、プロジェクト以外の業務をもっと忙しくするとかが考えられます。私だったら、今の状態で『メンバー各自が営業や顧客に責任を持って説明をしろ』と言われるのはストレスですね」

αチームの2ターン目

D：「それでは、またαチームで話してください」

A：「自分自身が今のスタンスに至った理由について考えていたのですが、過去の大型プロジェクトのチームリーダー経験が大きいと感じています。そのとき、途中からプロジェクトに入ったのですが、なぜこれをやっているかがわからず、判断基準を持つのに苦労しました。だからこそ、現メンバーには同じような思いをしてほしくない。『なぜこれをやるのか』を決めるところから参加して、一人ひとりにこうしたいという意志を持ってもらいたいと思っているんです。そのうえで、もっと意見のぶつかり合いがあってもいいと思っています」

B：「なるほど、そういう話を聞くと、Aさんが今のようなやり方をしている理由がわかります。確かに、途中から人を迎えるのは難しい。きちんと方針の背景を共有することが必要ですよね。今も途中から入ったメンバーが何人かいますが、その人たちに方針の背景共有がうまくできず、限定的な関わりしかできていないように感じています」

A：「『方針の背景』ってどういうことですか？」

B：「方針の大本にある事実と解釈です。先ほどAさんが話してくれたプロジェクトに途中から入った体験もその一つだと思います。事実の解釈が人によって違うのはいいと思うのですが、現状は、どんな事実があり、それに対する認識をすり合わせる場がないので、共通の拠《よ》りどころが持てない気がするんです」

A：「大本にある事実と、それを組織としてどう捉えているかですね」

B：「そうです。Aさんがみんなに理解してほしいと思っているのは、これとは別のことですか？」

A：「Bさんに言われて気づいたのですが、私がみんなに伝えようとしていたのは、組織の課題や戦略です。でも、その背景までは伝えきれていませんでした。βチームで話されていた、この状況を悪化させるアイデアを聞きながら思いましたが、今話している私自身も問題意識をきちんと言語化できていないのかもしれません」

B：「言葉にせずに自分の中に留めてしまうのは、どんなときですか？」

A：「『これくらい言えばわかってくれるだろう』と思ってしまうときかもなあ。特に、チームリーダーたちに対しては期待もあってそうなりがちです。思うように動いてくれないと怒りを感じ、自分でやってしまっていることもあります。自分自身、詳細な情報がない中で仕事をすることに慣れてしまい、メンバーにも同じことを求めてしまっていたのかもしれません」

βチームの2ターン目

D：「それでは、またβチームで話しましょう。今のαチームの話をどう聞きましたか」

C：「過去の大型プロジェクトには私も関わり、Aさんの苦労を近くで見ていたので、実はなんとなくその経験があってのことではと感じていたところもあったんです。でも、何を共有するのかについて、気づいてくれてよかったと思いました」

D：「そうだったんですね。αチームのやり取りを聞いていると、現状では背景があまり伝わっていなかったようですね。そのことについてはどう思いますか」

C：「その問題は私も感じていました。でも、私がそういうことを指摘するのは失礼なところもあるのかなと思ったりして。ただ、やはり背景がわからない中で熱量を持ってほしいと期待されても、難しいなと思います」

D：「お聞きしていて、なぜこのような大事なことが今まで話し合われていなかったのだろうと素朴に思いました。ちょっと反転させてみてほしいのですが、どうすればこういう大切なことを**さらに話さないようになる**と思いますか」

C：「そうですね……。戦略や戦術の結論だけが示されるというのはありそうです。あと、新商品開発のように先が見通しにくいプロジェクトだと、拠りどころを持ちたいという気持ちが働くので、上から指示されたことをそのまま受け入れてしまうことも起きやすいと思います」

D：「なるほど。では、この後、**全員でこの問題に何か名前をつけて**考えてみましょう」

問題に「ソンタック」という妖怪の名をつける

2 on 2を通して、Aさんは自身の困りごとを風邪薬の名前にちなんで「ソンタック」と命名しました。忖度してしまい、大切なことが言えないからです。これは、ふざけてやっているのではなく、**問題の外在化**をやっているのです。

「ソンタック」という名は少しコミカルですが、シリアスに考えがちな組織の課題に対し、あえて少し笑える名前をつけることはとても大切です。

生真面目なナラティヴからは、問題の単純化が起こってしまい、見える風景が固定化されてしまいがちだからです。

いつもと違うナラティヴで問題を眺めてみると、問題に潜む、複雑かつ多様な側面を知ることができます。

こうして問題に名前をつけ、絵にしてみたところ、様々な発見がありました。

一人で悩んでいたり、大勢で会話したりしていたときとはまったく違った風景が見えてくるのが、問題の外在化の威力です。

ソンタック
忖度
忖度
??

絵画を観るときを想像してみてください。少し離れて観ると、全体の構図が見えますね。近距離では「これは緑色だ」「いや、黄色もある」と見えていたものが、距離を取ると、「あ、これは森の絵で、自分は近くから木々の葉っぱの色を見ていたのか」とわかります。

少し距離を取って問題を眺めてみると、今まで2 on 2の中で浮き上がってきた様々な問題のつながりが構造的に見えてきます。これが問題の外在化のメリットなのです。

「ソンタック」発見後の気づき

Aさんは2 on 2の実施後、「ソンタック」が爆発しないよう、「**ソンタック**」の生態について掘り下げてみました。

その結果、「ソンタック」はチームリーダーとのコミュニケーション時によく現れることがわかりました。

その背景には、Aさんがチームメンバーに対して「これくらいはわかってほしい」という期待があり、Aさん自身の仕事の進め方の前提、すなわちナラティヴによって、問題が慢性化していることに気づきました。

Aさんは様々な場面で忖度を溜め込んでいるのですが、チームメンバーたちにはわからないのです。なんとなく忖度を溜め込んでいるとチームメンバーたちが思っても、実体がよくわからないので、どう関わったらいいのかよくわかりません。ただ、2 on 2により自分も問題の一部であり、自分なりにできることが具体的にあることがわかったのです。

素直に自分の感情を交えて話すように変わった

そこで、Aさんは、公の場での話し方を大きく変えてみました。

以前は部門の方針を伝えるミーティングでは、戦略と戦術を伝達するだけでした。

しかし、2 on 2を経て、「**方針の背景**」を発信することを意識的に行ったのです。

自分が今どんな想いでいるのか、どんなことを考えているのかを自分の感情を素直に交えて話すようにしました。これまでは、自分の想いや感情を伝えることは不要と思っていたわけですが、それは「ソンタック」のせいだと気づいたのです。

チームメンバーとの個別のコミュニケーションでも、相手が行動を起こすために必要な情報は何かを探り、本人の行動を引き出すことを意識するようになりました。

こう書くと簡単そうに思えますが、Aさんの見えている風景はまったく違っている点に注目していただけたらと思います。

2 on 2を通じて、部下もいろいろなことを考えたり、感じたりしていることが具体的にわかったことは大きな収穫でした。

何をやるかを伝達するだけでなく、**個々のメンバーとともに考えるマネジャーとしての役割が新たに発見された**のです。

次章では、実際に2 on 2をやってみるとどんな効果があるのか、期待できる成果と課題についてお伝えしましょう。

第 5 章

2 on 2の何が効果的か

2on2の体験者に聞く

言語化できないモヤモヤの正体が、形になって現れる

Fringe81株式会社
COO室マーケティング戦略室 室長
Uniposマーケティング責任者
柳川小春さん

Uniposとは人事向けのクラウドサービス。従業員同士が感謝の言葉とポイントを送り合うことで働く意味を感じられるソフトウェアを開発・販売。柳川氏は新卒で入社4年目。2on2講座参加者。

私が実際に2 on 2を学んでみようと思ったのは、新型コロナウイルスの影響で2020年4月にチーム内のミッションや目標が大きく変わったことがきっかけです。それによって、チーム内で混乱が大きくなってしまい、7月くらいから私とメンバーとの衝突だけでなく、メンバー同士も衝突していました。それで7月末くらいから精神的にもかなりまいってきて、どうしたらいいかずっとモヤモヤしていたのです。

少し背景をお伝えしましょう。中途入社した女性メンバーと一緒に働いているうちに、広

報の才能があると思ったので、2020年の年明けからPRの仕事をやってもらいました。するとみ見事にはまって、本人も「この仕事が天職かもしれない」と言いながら、意欲的に取り組み始めました。

しかし、その3か月後に緊急事態宣言が発令され、チーム全員に別のミッションができたので、いったん広報の仕事をやめてもらい、新しいミッションに取り組んでもらいました。それが本人にとって苦手な業務がかなりあり、業務も多忙だったので、ストレスを溜めてしまったのです。私もそれに気づきながらも、「全員で取り組まないと突破できないからお願い！」と押しきってしまいました。

でも、その夏、いよいよ本人に限界がきて、大変ショックなことを打ち明けられました。私自身も「どうしてそんなことを言われなきゃいけないの」と思い、彼女との溝が大きくなりました。

私は管理職です。経営陣の見ている風景、メンバーたちが見ている風景、そして、自分から見える風景との間で常に葛藤し続けていました。

当時行っていた月に一度の1 on 1の面談では、「この矛盾をどうしたらいいのだろう」と悶々としている間に、相手との溝に橋が架からないまま終わってしまう状況でした。

そんなときに偶然、宇田川先生の2 on 2の講座を目にして、「これかも」と直感したのが参加のきっかけでした。言語化できないモヤモヤに対して、本気で向き合いたいと思ったのです。

言語化できないモヤモヤが形になる

衝撃の「反転の問いかけ」

実際に初めて2 on 2に参加したとき、私はαチームの当事者役（A役）として自分の課題を話しました。自分の課題を他の3人の視点から改めて聞き直すのは初めてだったのでとても新鮮でした。自分一人で考えていたらどんどんネガティブになっていくようなことでも、異なった視点を持つ3人の話を聞くことで、課題について冷静に考えられるようになりました。

私の場合、2 on 2のワークの中で、誰かと誰かの間で板挟みになったときにどちらにもいい顔をしてしまう、妖怪みたいなものがいることがわかりました。それを「**小悪魔ちゃん**」と名づけたのです。

それはBさん、Cさん、Dさんと話を深掘りしていく中で思いついたネーミングです。

最初に私がAさんとして語った課題が妖怪という存在で見える化され、課題自体が別ものになる瞬間を目の当たりにして、びっくりしました。
最初は、どこにでもあるような「他のメンバーがわかってくれないんですよね」という会話から始まったのですが、他の人から「こういうふうに感じたんですかね」とやり取りをしていくうちに、「これって妖怪なんじゃない？」「それいるよねぇ」という話になり、「私自身がそれを発生させているときがあるなぁ」と思ったのです。

言語化できないモヤモヤが、妖怪という目に見える対処可能な存在になっていく瞬間は強烈な体験でしたね。

そのキーとなる問いかけが、講座時に学んだ「**反転の問いかけ**」です。「今の状況をもっと悪化させるとしたら、どうしますか？」という質問はとても新鮮でした。こんなことは一度もやったことはありませんでしたから。自分が事態を悪化させると考えると、自分が当事者となり、「これは自分が関与していることもあるのでは？」と思えてきたのです。2 on 2では、その反転の問いかけがティッピングポイントというか、一番すごいところだと思います。

1 on 1より、2 on 2が有効!?

あと、1 on 1だとお互いイラッとくることも、2 on 2だとなぜかそうならない。1 on 1は互いに向き合い、上司と部下という固定された形になりますが、2 on 2だとフラットな関係の4人のうちの2人が近くで自分の話を聞く形なので、会話の質感が違い、なんだか冷静でいられます。

ただ、2 on 2をやったら1 on 1はいらないのかというと、そんなことはないでしょう。私の解釈では、2 on 2をやったうえで1 on 1をやってみると、さらに効果があると思います。同じことを1 on 1で言うにしても、2 on 2をやった後かどうかで効果は全然違うと思うのです。

結局、私は経営陣とメンバーの想いを結びつけられずに苦しんでいたのです。心のどこかでは、メンバーの意見に共感しつつも、納期のプレッシャーもあったため、私の目にはメンバーの発言が自分の足を引っ張るように映っていたのです。

誰もがキラリと光る感性や個性の原石を持っている。でも業務をスピーディに進めたいので原石を磨く手間を省いてしまう。でも、そうすると誰も幸せにはなりません。これが組織の中で一番難しいところですね。職場で起きる問題の大半がこれなのだと思います。

妖怪「一つ目小僧」のぼやき

その後、社内の部署で2 on 2をやりました。そこで、私の部下のチームメンバー、つまり2階層離れたメンバーの実際の声を初めて聞く機会があったのですが、大発見がありました。

とあるチームメンバーは、ミーティング中に突然発言しなくなることがありました。すごくよいアイデアを持っているのに、なぜ突然黙ってしまうのだろうと思っていたのです。

その人が2 on 2の当事者役をやったとき、最後に「一つ目小僧」という妖怪が出てきました。「一つ目小僧」とは、片方の目をつぶるという意味で、その妖怪の口ぐせは「もう、いいや」でした。

妖怪「一つ目小僧」がどんなときに「もう、いいや」とぼやくかというと、彼が提案したことに対して先輩から「こういう観点は考えたの?」という質問が出た瞬間だというのです。確かに先輩のほうが多くの視点を持っているので、懸念点や突っ込む箇所が浮かびやすい。

2on2がなければ気づけなかったこと

話をまとめると、経験の浅いメンバーにしたら、精一杯考えて意見を出した。だが、先輩はいろいろな懸念点を正直にぶつけた。それに対し、妖怪「一つ目小僧」は、「もう、いいや」とぼやき、「だったら、いろいろな観点を多く持っている先輩がやればいい。僕は引きますよ」となってしまったのです。

私はこの話を聞いたとき、「うわー、これは大問題だ」と思い、すぐにマネジャー同士のグループコーチングの場でこの話をシェアしました。私が入社して4年近く、私自身も何度もこれをやってしまった話を共有しました。しかも今まで一度もそのマイナス面に気づいていなかった。妖怪「一つ目小僧」を呼び寄せているときは、「意見がない」と勘違いしそうになるすごく恐ろしい瞬間なのだと。

これは2 on 2がなかったら、気づけなかったことです。自分も関与してきた大問題ということがわかりました。磨けば光る原石のアイデアを石ころ扱いしかねない妖怪「一つ目小僧」をのさばらせてはいけないと悟りました。

2 on 2をやると、問題の根っこがどんどん見えてきます。

ただ、その問題を根治させるのは本当に難しい。妖怪「一つ目小僧」にしても、マネジャー全員に対して「こんな問題が起きているから、各メンバーから意見が出てきたときに、最初に『この観点は考えたの？』と言ってはダメ」と無理やり直させようとしても、とうてい無理な話。

ただ、「先輩がよかれと思って言ったことを、否定されたと思う人もいる」という事実を共有するだけでも、次への大きな一歩。相手との間に架け橋ができれば、問題解決の糸口も見えやすくなるでしょう。

「2 on 2」と呼ばず、「ネガティブ感情共有ワーク」にした理由

2 on 2をやるときは、会社の制度やルールにひもづけてやると効果的です。

弊社の場合、リモートワーク開始後に「各部署、月の20％の出社にすること。いつ出社するか、何をするかはチームごとに決めていい。ただし、対面で実施したほうが成果が挙がる仕事は対面でやる」というルールがありました。そこで、「20％ルール」の中で2 on 2を実施してみました。

まず、「出社して対面で実施するからこそ意味のあることは何ですか？」という質問を全員に投げかけました。そうしたら、あるメンバーから、「テレワークが始まってから、ネガティブな感情を言いにくい」と意見が出ました。口頭だと伝わるニュアンスでも、メールなどでネガティブなことをぶつけられると怖いと。他のメンバーからも、「チームや個人の成長のためには、ネガティブな感情を含めてすべてを共有することが大事」という意見も挙がりました。

私自身、2 on 2はそれを実現できる絶好のツールになると思っていました。ただ、社内では「2 on 2」とは呼ばず、「ネガティブ感情共有ワーク」とメンバー自身から出てきたネーミングで実施しました。メンバーへは、××さんが「やりたい」と書いていた「ネガティブ感情共有ワーク」を、すごくいいやり方を教わったのでぜひやらせてほしいと呼びかけました。

実際にやってみると、あるメンバーから、

「最初は嫌だと思ったけれど、やってみたらみんなの考え方がわかってすごくよかった」

「やってみたら、面白い。自分がこの妖怪とどう向き合うか、見えてくるんです。チームメンバーそれぞれの考え方にも触れられ、他者と自分両方への理解が一気に深まるとても素敵な時間になりました」

といった感想が寄せられました。

この**「他者と自分両方への理解が一気に深まる」**のが、2 on 2のポイントです。組織の「慢性疾患」は人間で言えば血液循環が悪かったり、他の器官とのつながりが悪かったりするのでしょうが、組織内の互いのつながりが見えてくるのも大きいですね。

そこに「妖怪」がいると認識することが会社を変える一歩

チームで2 on 2をやり、メンバーが抱える個々の妖怪の存在を知ったことで、1 on 1の際も「また妖怪『パトロール隊』（勝手に見回りをしていろいろな人の仕事を巻き取り、下手をすると成長機会まで奪ってしまうこと）が出ちゃったね」といった話が気軽にできるようになり、とても話しやすくなりました。

このような共通言語があると、すぐ本題に入れます。「またパトロール隊出ちゃったね」「ああ、また出ちゃいましたね」「今月はちょっとこの妖怪を制御できるようにやってみます」といった、すごく前向きな会話ができるようになりました。そこに妖怪がいると認識することが、会社を変える一歩になる気がします。

2on2をやったほうがいいか、やらないほうがいいか迷ったら、100%やったほうがいいと思います。

ただ、どんなタイミングで、どんな文脈で、誰を対象に進めていくかは、慎重に考えたほうがいいです。

これからは、同じような課題を持っている何チームかでやり、徐々に味方を増やしてから、組織全体としてやったほうがいいと、ある程度上層部とも合意が取れたら、全社に広げていきたいと思っています。

2 on 2の共同開発者に聞く

組織の見えない問題があぶり出される画期的な方法

リクルートマネジメントソリューションズ
HRアセスメントソリューション統括部
アセスメントサービス開発部 マネジャー
荒金泰史さん

リクルートマネジメントソリューションズは、人材採用・育成、組織開発、人事制度構築に関するサービスを提供。荒金氏は2008年入社。一貫してアセスメント事業に従事し、顧客の人事課題に対するソリューション提供や実証研究をしてきた。現場マネジャーの対話力を向上させるクラウド型HR Techサービス「INSIDES」の開発責任者を務め、2 on 2の開発にも携わる。

弊社は研修や各種サーベイ、アセスメントなどを使って、企業の人事・組織課題に対するソリューションを提供しています。具体的には、新任管理職や新人研修、従業員満足度調査などのサービスなどです。

私は、組織内のコミュニケーションを円滑にするサービスを開発しています。従業員がどんなことを感じているのかを可視化。そのうえで各々の性格などを踏まえ、現場の管理職たちに、「〇〇さんはこう感じているようですが、どうですか？」とレクチャーやアドバイスをしています。

お客様は企業の人事部の方が多いですが、ここ数年、急激にコミュニケーションに関する悩みが寄せられ、特にパワハラの相談が増えています。ただ、人事部が当事者に聞いてみると、コミュニケーションギャップが原因のケースが大半で、日頃から会話がないために、ちょっとした指示が一方的な命令に聞こえてしまうケースが多い。人事としては、そういう声が上がってきたら、何らかの対応をせざるをえないので、今日も懲戒、明日も懲戒と大げさに表現する人も多いです。

他には、現場で部下が上司にものが言えないために、お客様先でのトラブルが上司に伝わらず、プロジェクトで大赤字を出してしまった案件もありました。

結局、**上司と部下のすれ違いが企業にとって看過できない問題になっている**のです。ましてや、昨今はコロナ禍によるリモートワークの普及で、さらにコミュニケーションが取りづらくなっています。

私たちが提供している「ＩＮＳＩＤＥＳ」というサービスでは、特に上司と部下のコミュニケーションに重点を置いています。上司と部下の関係は固定化してしまいがちです。上司は「この部下はこういう人だ」、部下は「この上司はこんなものだ」と、なかなか違う角度から物事を捉えられません。

それに対して、「この部下が言っているこれとこれを結んだら、こんな姿が見えてきませんか？」と上司と部下が一緒に投げかけていきながら、互いのコミュニケーションギャップを埋める一手として「ＩＮＳＩＤＥＳ」を開発してきました。

2 on 2が生まれた背景

今回、宇田川先生と共同で2 on 2を開発した背景に、社員の働き方や職場との向き合い方が以前よりも複雑になってきていることがあります。

既存事業が先細りしていく中で、どの組織も新規事業をしていかなければなりません。そうなると、様々な部署の人たちと一緒に仕事をするようになりますが、それぞれの人には、既存事業のしがらみや文化の違いもあるので、すれ違いが生じます。他人の心はよくわからないので、「なぜこの人は、こういうことを言うんだろう？」「なぜこんな反応になるの？」と疑心暗鬼になります。

そんなときは、上司と部下といった特定の人物間のすれ違いだけでなく、文脈の中で生じているすれ違いを明確に捉えていくために、もう一歩踏み込んだコミュニケーションが必要になります。そのための手法として、2 on 2が考えられてきたのです。

2 on 2の意義

実際にやってみると、やる前は「私はこう思っていた」のに、終わった後は「見方が変わりました」と変化を感じる人が続出しています。そこがとても面白い。互いに困っていることを共通の場で話し合う中で、自然と自分の考え方や捉え方が変わっていくのです。これを体験すると、なんとも不思議な感覚になります。

アインシュタインが述べたとされる言葉に、「いかなる問題も、それをつくり出した同じ意識によって解決できない」がありますが、それは組織の人間関係にも当てはまります。上司と部下も互いに違う地点に行かないと風景は変わらない。それを実現できるのが2 on 2の意義ではないでしょうか。

組織のモヤモヤについて話そうとすると、つい解決策やコンテンツの話に終始してしまいがちです。その挙句、「困ったね」で終わってしまうことが多い。

そんなとき、2 on 2では、「**そもそも、そこに悩んでいるのはどういうことなんだろ**

う？」と、少し違う角度から捉え直すことを意図的に繰り返していきます。

これは、**何が問題なのかの輪郭を明らかにしていくアプローチ**。このアプローチが問題に向き合う際のプロセスとして、すごく重要なのです。

原因は一つではない。複雑だということがわかるだけでも、見える風景が全然違ってきます。

そうすると、次から仕事への向き合い方が変わってきます。違う座標から物事を捉えられ、無駄な対立が減っていきます。自分の中での物事の捉え方が変わるのが、すごく大切なポイントです。

2on2は同じ職場同士でやるのが一番

今、多くのビジネスパーソンが「何か新しいことを始めなければいけない」「今までのやり方を変えなければいけない」と思っています。そうした中で現場と経営の乖離や、職場内での対立構造から得体の知れないモヤモヤ感が漂っているのではないでしょうか。

でも、こうした問題は人事部が解決できるわけではありません。結局、自分たちでなんとかするしかない。

組織で起こっている問題は、外部の人がドラスティックに手を入れたらすぐに解決できるというものではありません。結局、他人ごとではなく、自分ごととして向き合っていくのが大事。ただ、一人で問題に向き合ってもなかなかうまくいかない。そんなときに一つのきっかけとして、2 on 2をうまく使ってほしいですね。お互いとても話しやすくなると思います。

2 on 2は、同じ職場の人同士でやるのが一番です。2 on 2により、それぞれの見方や考え方が変わっていくところに意味があるのです。

「私も問題の一部だったんだな」と気づくこと。そして、「それは私だけではなくみんな似たりよったりなんだ」と気づけると、組織として違う地平に進める気がします。

2 on 2は、日々現場で闘っているリーダーなどが取り組むべき問題を中心に据え、これをどうしていくかを、当事者同士で話し合う有効なツールだと思います。

組織で導入するコツ

ただ、「2 on 2をやりましょう」と手法ありきで始めようとすると、「なんですか、それは」「今すごく忙しいんですよ」となるので、「最近こういうことがなんとなくうまくいっていない気がするんだけど、何がうまくいっていないのか、今ひとつつかめないから、みんなでちょっと話してみない？」と、1時間くらい時間を取ってもらうのがいいでしょう。

「なんか最近、チームが停滞している感じがする。全体観について課題をもう一回あぶり出したいから、ちょっと時間を取ってよ」と、そこで2 on 2の提案をしてみるのがいいと思います。


組織の中には様々な想いを抱えている人がいます。文句は多いけれど前向きな人もいれば、その逆もいます。

また、一人ひとりの中にもいろいろな声があります。そうしたところを、2 on 2を通じて拾っていき、セルフケアの視点を増やしていきましょう。

今の状況を、こんなふうに捉えたら、もっと違うアプローチがあるのでは？という視点は、自分一人ではなかなか増やせません。組織にはいろいろな人がいて、いろいろな想いを思っている。その視点を増やすために2 on 2はとても有効な手法だと思います。

体験者と共同開発者インタビューから見えてきたこと

自分の課題からスタート

先の柳川さんには、2020年に私が実施した2 on 2の講座に参加され、その後自社で2 on 2を実施した経験をシェアいただきました。

私が興味深いと思った点は3つあります。

1. 自分のモヤモヤを大切にする
2. 自分の身に起きていることは、組織的な課題とつながっている可能性がある
3. 懸案の問題が解決したわけではないが、問題の意味自体が大きく変わった

2 on 2は、組織の中での大小様々な問題を、よりよい状態へ変えていく方法です。自分が感じているモヤモヤ感を大切にしながら、「妖怪」の生態研究を進め、組織の慢性疾患へのセルフケアが徐々に構築されていく過程は、理想的な流れでした。

懸案の問題は解決したわけではありませんが、問題の意味がまったく違うものに変わっていくのが、2 on 2の大きな特長です。

問題の持つ意味が変わると、やれそうなことと、やるべきことがはっきりしてきます。

2 on 2が、慢性疾患へのセルフケアになっている理由はここにあります。

柳川さんが参加された2 on 2の講座では、他の3人は初対面の社外の人たちでした。自分の課題を捉え直すとき、社内で実施する前に社外の人たちと触れ合えたのもよかったのかもしれません。

マネジャーとして社内で実施するときは、**自分たちが日頃は話し合えていないけれど大切なことについて話す**ことが重要です。

その際には、2 on 2という名前にこだわる必要はありません。必要であれば5人で実施したり、柳川さんのように部署全体でいくつも4人1組をつくってやったりすることもできます。

通常は1時間程度実施しますが、柳川さんの場合は、すでに確保されていた2時間半で実施された点も参考になります。

2 on 2はマネジャーが部下たちにやらせるものではありません。自分の課題からスタートして、そこからみんなでその問題について考えるものです。

1on1と2on2の違い

一方の荒金さんのINSIDESチームと私は、2 on 2の開発にあたり共同研究を実施してきました。その成果はこの本にふんだんに活かされています。

荒金さんのお話で興味深いのは次の3点でした。

1．すれ違いに向き合う大切さ

2．組織の見えている風景が変わる

3．相談を受けた人（外部の人・支援者）は、問題について考えることを手伝う存在

様々な人事アセスメントサービスがある中、最近は心理状態を可視化する技術が進んでいます。

しかし、人間同士のすれ違いを解決するテクノロジーはいまだ存在しないということなのでしょう。

でも、テクノロジーで解決できないなら、人が話し合えばいいという単純な話でもありません。

近年1 on 1が多くの企業で取り入れられていますが、**問題の捉え方、組織の見える風景を1対1で変えることはなかなか難しい**ものです。

単に問題と向き合うのではなく、**複数の他者を交え、問題について少し距離を取って眺めてみるのが2 on 2の特長**です。

柳川さんのご指摘どおり、1 on 1を充実させるために2 on 2を活用することは大いにあるでしょう。

そう考えると、誰かが強制的に「2 on 2をやりなさい」という性質のものでも、社内の強制力のある制度として実施するものでもないように思います。むしろ、必要があればいつでもどこでも自分から呼びかけて好きなときに実施する。まさにセルフケアとしてやっていくものです。

人から相談を受けると、つい「〇〇すればいい」と解決策をアドバイスしたくなりますが、多くの場合、問題の構図をよく把握しないままアドバイスすると、問題が慢性疾患化してしまいます。

外部の人や支援者の役割は、問題解決を急ぐ流れをいったん中断し、「話したいことが話せないのはなぜですかね？」と、問題の背景やメカニズムの研究を促す問いを発することにあると言えるでしょう。

第６章

2 on 2を実施する際にやってはいけない6つのこと

1

2 on 2を実施する理由が共有されていない

本章では、2 on 2を実施するうえで、特に気をつけるべきことをまとめました。実際に2 on 2をやってみたのにうまくいかなかったときに参考になる内容です。また、前章までに述べてきたことの要約の意味合いもあります。

2 on 2を実施していない方は、読み飛ばしていただいてもかまいません。

2 on 2は、4人集まれば1時間程度で気軽に実施できます。やり方も実にシンプルですが、充実した2 on 2にするために、**やってはいけないことが**6つあります。

1. 2 on 2を実施する理由が共有されていない
2. すぐに問題解決策を言ってはいけない
3. 全部周りのせい、他人のせいにしない

4. きれいに終わらせようとしない
5. 周りの人たちは自分の話を始めない
6. 目新しいだけで始めない

本章では、2 on 2で陥りやすい「6つの罠」を紹介しながら、2 on 2を実施するうえで大事なことを考えていきたいと思います。

あるとき、マネジャーのUさんが2 on 2を実施しようとしました。「最近、部署内のコミュニケーションがうまくいっていない。これまでも1 on 1を実施してきたけれど、あまり効果が見えない。人事サーベイのデータも悪いと指摘されている。なにやら2 on 2という方法があるので『自分たちの組織のコミュニケーションを改善しよう』というテーマで実施してみよう」

でも、これだとうまくいかないのはなぜでしょうか。

2 on 2では、具体的な問題について、当事者が関係者と少し離れた人を交えて問題を深掘りしながら、具体的な方策やアプローチ法をともに考えていくことを大切にしています。

しかし、この場合、困りごとの当事者は誰でしょう。誰が困っているのでしょうか。この点が極めてあいまいです。そうなると、ここに集められた部下たちは、一体何について話したらいいか、困惑するでしょう。これは部下たちが困っておらず、Uさんだけが困っているからです。

こういった形で2 on 2を行ってしまうと、2 on 2で当事者役にさせられた部下はUさんの顔色をうかがって当たり障りのない話や個人的な相談を始めてしまうでしょう。これだと、部下たちにも不満が残ります。

「問題を共有せずに、一方的に集められて困惑する」こと自体が、この部署の慢性疾患をよく表しています。この慢性疾患に挑むには、まず自分がその問題を「改善させる」スタンスを一度脇に置き、**自分も「組織のコミュニケーション沈滞化問題」の一部**なのかもしれないと考えてみることが大切です。

そのために、困りごとや気になったエピソードを振り返ってみることが意味を持ってくるのです。

参加者にうまく呼びかける方法

では、具体的にこれを改善するには、どうしたらいいのでしょうか。

部下（や同僚）とランチをしているとき、なにげない会話をしているときなどに気がついた具体的なエピソードや課題点などについて、まず2 on 2の最初に共有することが大切です。

「先日、I君とランチをしているときに、彼の困りごとを聞きました。成果が出ていないことや、わかっていてもそれに対してうまく行動できないこと。そのことに対して周りから詰《なじ》られたり、怒られたりしているがどうしたらいいか困っている。けれど、みんなにはこういうことを話せていないと。

I君の困りごとをきっかけに、I君個人の話ではなく、組織の問題としてみんなで考えてみたいと思ったんです。彼の困りごと自体より、彼が『話せないでいる』事実に引っかかったからです」

2 on 2を実施する際、参加者への呼びかけは、このように具体的なエピソードで組織の慢性疾患的な問題に基づいて行う必要があります。

こうした問題の共有を踏まえた後に、そのことについて話してみたい人に手を挙げてもらい、当事者役を担ってもらうと、具体的な問題意識を共有したうえで2 on 2ができるので内容が深まっていきます。

2 on 2は問題解決を一度脇に置く

ここで大事なことは、I君の問題にフォーカスすると、I君の問題に終始するので、それを避けることです。

そうではなく、I君が悩みを話せない問題が、自分たちの組織で慢性的に起きているので、I君のエピソードをきっかけに、そのことを話したい、と言うほうが望ましいです。

問題意識がみんなの共感を得るには、日頃からどんなことが組織内で起きているのか、意識のアンテナを高めておくといいでしょう。

そして、小さな問題を感知するセンサーが働いたら、2 on 2を実施してみるのが理想的です。2 on 2を実施しながら、問題についての観察を深めていくのです。

2 on 2では、問題解決することを一度脇に置きます。

「今現れている問題は一体何なのだろうか」と、観察を深めることに非常に重要な目的があるのです。

2

すぐに問題解決策を言ってはいけない

Aさん（当事者役）：「先日入ってきた新人のSさんが、なかなか本格的に力を発揮してくれなくて困っている。どうしたらいいだろうか」

2 on 2の目的は、組織で慢性的に起きている問題について考えを深めていくことです。この例の場合、Sさん以外に同時期に入ってきた他のメンバーは特に問題ないなら、Sさんの個別の問題であると考え、Sさん自身のサポートを優先します。

2 on 2で話し合うテーマは、組織の慢性疾患的な問題がピッタリです。次のような例はどうでしょうか。

Aさん（当事者役）：「自分たちのチームは、互いに仕事を教え合ったりせず、助け合っていない。だから、自分が新メンバーとして入ってきても、全然教えてもらえず困った。でも、成果は求められる。けれど、表向きそれを問題にすることは避けたがる傾向がある。これは今も繰り返されている」

Cさん：「もっとチーム内でそのことについて話し合ったほうがいいと思う。あと、教えてもらいたいと思っていることをもっと周りに言ったほうがいい。心理的安全性が低いことが問題かな」

確かに組織の慢性疾患に見えますが、Cさんが問題解決策をすぐに述べてしまい、問題が深まっていないのがおわかりでしょうか。

問題解決策を言ってはいけない理由

2on2が目指しているのは、**問題に対しての理解を深め、背後にある慢性疾患へのセルフケアを確立していくこと**です。

そのためには、参加メンバーの様々な視点を観察し、問題についての理解を深めていくことが不可欠です。

そのために大事な点は、**問題解決策を言わないこと**です。これは非常に重要です。

すぐに問題解決策を言ってしまうと、問題の背後について考えることができなくなってしまいます。

問題解決策を言うとは、その問題はすでにわかっていると宣言することであり、それ以上、何が問題なのかを考えることを放棄することだと肝に銘じてください。

解決策を提示すると、わかりきった答え（「もっとチーム内で話し合ったほうがいい。教えてもらいたいと思っていることをもっと周りに言ったほうがいい」）や、抽象的な概念（「心理的安全性が低いことが問題かな」）に終始し、その問題の核心に迫れなくなるのです。

仮に心理的安全性が低いのが問題として、互いに言いたいことを言い合う時間を30分設けたとしましょう。

それで何か改善するのでしょうか。

改善するかもしれませんし、しないかもしれません。

この場合に考えるべきことは、「自分たちの組織で仕事を教え合わない」ことが何を意味しているかということです。

互いに教え合わない問題の背後には、何があるのでしょうか。

たとえば、Cさんが次のように答えたらどう変わるでしょうか。

Cさん：「自分たちの組織で仕事を教え合わなくなったのは、いつ頃からだろう。何がきっかけでそういうことになってきたんだろう。

逆に、もっと仕事をみんなで教え合わなくするにはどうしたらいいだろう」

どうでしょうか。こう投げかけてみると、問題が生じてきた過程に目が向き、問題についてもっと立体的・重層的に考えられるようになったと思いませんか。

ここでのポイントは、なぜ？（why）ではなく、**いつ頃から？**（when）、**どのようにして？**（how）問題が生じてきたのかに目が向けられていることです。

何か問題が起こると、「なんでこの問題が起きたんだろう？」と問いたくなります。「なんで教え合わないの？」と質問をすると、信頼関係がある程度あっても、聞かれた人は非難されていると感じるかもしれません。

これはなぜかというと、「教え合わない」現象について、「教え合わないことは悪であり、なぜそれが起きたのか」と質問しているからです。

つまり、問題自体は「教え合わないこと」に固定され、その論理を解明しようとしているのです。

その質問自体は悪いことではありません。もし、他の人も含めて教え合わないことが頻発しているなら、「教え合わない」問題が、組織の慢性疾患を告げている可能性があります。

「なぜ？」と質問するのではなく、この問題がどんな必然性があってこの組織で生じたのかを解明することが肝心です。そのために、**「いつ頃から？」「どういうきっかけで？」「どんなときに？」**と質問するのです。

Cさんの最後にあったセリフ**「逆に、もっと仕事をみんなで教え合わなくするにはどうしたらいいだろう」**は、反転の問いかけです。一度問題を反転させてみると、問題のトリガーがいくつも浮かび上がってきます。

たとえば、一人ひとりが自分の業務範囲だけに目を配って、他の人がどんな仕事をしているのか、関心を持たないようにする。仕事が重なっているところがあっても、見て見ぬ振りをしておく問題が出てきたとしましょう。そうすると、どうやら業務範囲が近頃変化してきているが、整理されずにいる問題が背後にありそうだと見えてきます。

対処方法をいろいろと考えていけそうです。

問題解決策を言わずに問題を掘り下げていった先で、何が見つかるのが大事かと言えば、自分もその問題の一部であると気づくことです。

3

全部周りのせい、他人のせいにしない

A1さん（当事者役）：「上司が『とにかく言われたことだけをやれ！』と、私のやりたいことや提案を聞いてくれない。上司が変わらないなら何もやりようがない。正直、早く辞めてほしい」

A2さん（当事者役）：「メンバーの自発性がなく困っている。彼らをもっと自発的に考えて動くようにしたい。どうしたらいいか、この2 on 2の場で考えたい」

この2つは別々に行われた2 on 2での発言ですが、共通項があります。それは、自分が問題の一部ではなく、**自分以外の他者を変えたいと思っている**ことです。似たようなケースは、2 on 2をやると様々な方が口にします。

A1さんもA2さんも、立場の違いはあれど、確かに困っているのです。両者ともとてもつらいでしょう。

しかし、A1さんの「上司を変えるにはどうしたらいいか」や、A2さんの「メンバーの自発性を高めるにはどうしたらいいか」という問いだと、なかなか問題の核心に迫っていけません。

なぜでしょうか。

カギを握るCさんとDさんの投げかけ

まずA1さんの例を考えてみましょう。

なぜ上司は「言われたことだけをやれ」と言うのでしょうか。

このとき、A1さんは、「言われたことだけをやれ」という言葉をダイレクトに受け取っています。もちろん、そんなことを言われたらショックです。まず自分がショックを受けていることは自分で認めましょう。

しかし、この状況をよりよい状況へ変えることもできるはずです。そのためには、この言葉が意味していることは何だろうと考えられると状況は大きく変わってきます。

これは、A1さんより、2 on 2に参加している他の3人の役割です。Bさんがまず、A1

さんがどんな気持ちなのか、A1さんの感情の赴くままに話してもらうように聞いてあげるのです。

そのうえで、CさんとDさんチームは、少し離れた位置から、次の投げかけをするといいかもしれません。

C・Dさん：「それはショックだったと想像します。この時間は、小さくても何かその中でできることを発見する時間にしたいので、一緒にどこから手をつけられそうか考えたいです」

「反転の問いかけ」で困りごとの意味を発見する

このとき気をつけたいのは、「当事者のA1さんにもできることがあると思います」と言わないことです。そう言ってしまうと、A1さんが考えようとしていないと受け取られかねません。大切なのは、**この問題に対して、一緒に考える仲間であるとCさん、Dさんが位置づけられること**です。

組織開発の研究者であるサイモンフレーザー大学ビジネススクール教授のジャーヴァス・ブッシュは、新しい意味を生み出すには「生成的メタファー」が必要だと述べています。つまり、**新しい物事の理解を導き出すには、少し違う言葉の投げかけ**をすることが大切だと言っているのです。

では、どういうものが「生成的メタファー」となり、新しい意味が立ち現れてくるのでしょうか。それは、現在の問題に、現在の解釈の枠組とは異なる視点が投げ込まれたときです。

Ａ１さんの文脈は、ネガティブです。この場合、ポジティブな視点を投じてみると、別の意味が立ち上がってくるかもしれません。

「どこから手をつけられるか」というアプローチは、「何も考えようがない、何もやりようがない」というネガティブな文脈に対して、ポジティブです。そうすると、「この状況で何かできることがあるかもしれない」と、現状を一緒に眺められるかもしれません。

また、前述した「反転の問いかけ」も、生成的メタファーと同様の働きをするものと理解できるでしょう。「解決しよう」という流れに、あえて「状況を悪くするには」と投げかけると、新たな意味が生成されやすくなります。

有効な2つのアプローチ

次に、A2さんのケースを考えてみましょう。A2さんは経営者ですが、経営者に限らず、マネジャーやメンバーでも、自分ではなく周りを変えようとしがちです。

A2さんの場合、どんな過程でメンバーの自発性が低くなったかはわかりませんが、周りのせいにしている状況だと言えます。これは、非常によく見られるケースです。

この問題には2つのアプローチが有効です。

1. 自分は何に困っているのかを理解する

2. 自分も問題の一部だと気づく

1について、そもそもA2さんは、自分の状況をよりよいものにしようと、何かできることはないか考えていることを、もう一度確認することが大切です。

しかし、A2さん自身が心がけていても、無意識のうちに、自分ではなく周りを変えようとしてしまうものです。そこで周りの人からの投げかけが大切になってきます。

A2さんへの投げかけとしては、次のようなものが考えられます。

・A2さんはそもそもなぜ自発性を高めたいと思っているのだろう？
・どんなきっかけでそう思うようになったのだろう？

A2さん自身にできることがあることに気づいてもらえると、様々な観察が生きてきます。

2つ目については、次の発言も有効かもしれません。

・いつ頃から自発性が下がってきたのだろう？
・自発性を下げるにはこういうことをやるといいかもしれない
・逆に自発性が上がったのは、こういうときだった

こうして問題を別な角度から眺めて観察を深めていくと、徐々に問題と参加メンバーのつながりが見えてきます。

すると、A2さんを含め、参加メンバーが、自分もその問題の一部と気づくポイントが浮かび上がってくるでしょう。

自分がやっていることが、メンバーの自発性とどうつながっているのか。2 on 2の参加者とともに考えていきましょう。

反転の問いかけは、ここでも極めて有効です。

「問題を悪化させるには」とか「問題を他の部門でも繰り返すには」という観点で問題を眺めてみると、自分が何をすると問題が悪化するのか見えやすくなります。

周りのせいにするのは、もっと他にやりようがあることを見ようとせず、問題を抱えた状況を放置しているという意味で、とても損をしているのです。

4

きれいに終わらせようとしない

2 on 2をやると、人によっては、きれいな結論に至って終わらせたくなることがあります。ましてや、自分が呼びかけ人だったときはそうなりがちです。

しかし、2 on 2が扱っているのは、組織の慢性疾患。なかなかやっかいです。きれいに終わるほうが稀《まれ》なのです。なかには、「最初はメンバーのモチベーションの問題だと思っていたけれど、そもそも自分が何に困っているかわかっていないことがわかった」程度で終わるかもしれません。

しかし、最初はそれで十分です。案外、当事者役の人が、「自分が何に困っているか、わかっていなかったことがわかってよかった」と思ったりするものです。問題解決モードとは違う対話モードで、いつもの仕事を眺めてみる萌芽的視点が出てきただけでも収穫。日々の仕事が違って見えてきて、変化の入口に立てます。

むしろ、1回でスッキリするより、継続していくほうがはるかに大切です。なにせこれは慢性疾患ですから。

セルフケアは継続することに意味があります。そして、1回目より2回目以降が面白くなってくるのが、2 on 2の醍醐味です。

先ほどの「自分が何に困っているか、わかっていなかったことがわかった」場合、妖怪「モヤモヤ」と名づけて生態研究してみると、2回目以降はかなり充実した内容になります。

妖怪「モヤモヤ」の生態研究の例：

- 「モヤモヤ」がいつ暴れる／おとなしくなる
- どんなときに「モヤモヤ」は晴れる／曇る
- モヤモヤは何を食料にしているか
- 材質は何でできているか
- どんな輪郭か、色は変わるのか

2 on 2で話をしている最中だけがセルフケアではありません。むしろ、2 on 2は、日々の仕事の中で、問題に対してできうることがあるかを考えるきっかけを得るツールであり、2 on 2によって妖怪をぼんやりとでも見つけ、1日5分、ちょっとだけメモしてみるのです。

最初は「モヤモヤ」だった妖怪が、次第に違う姿で出現し、違う呼び名がふさわしいことがわかってくるでしょう。なによりも継続が大切です。その妖怪の「研究成果」をぜひ次の機会にみんなと共有し、楽しく組織の慢性疾患に挑んでいただけたらと思います。

また、一つの問題が片づいても、次の問題が出てきます。そうしたら、一つずつ対処していきましょう。問題が出てくるのは、決して悪いことではありません。むしろ、組織がもっとよくなるために、新たな問題は出てくるものだと心得ておきましょう。

2 on 2は、問題を歓迎して、日々の組織のセルフケアを重ねていく新しい方法なのです。

5

周りの人たちは自分の話を始めない

Cさん：「その話はとてもよくわかります！　自分も前に同じ経験をしたんです。そのときは、こんなことがあって、そのときに自分はこんなことをして解決を図ったんですよ。それで……」

2 on 2は、相談に乗ってもらう側面もありますが、むしろ、投げかけた問題について、それぞれがどう見えるかを持ち寄り、その問題の背後にある慢性疾患についてアプローチを探る場です。

しかし、当事者役が投げかけた問題に対して、このCさんのように、別の参加者が自分の話を延々と始めてしまうケースがあります。

なぜこうなるかというと、参加者なりに同情するからであって、決して悪意があるからではないのです。

○その問題は、自分からはこう見えた
×自分のその問題への対処の成功談・失敗談を披露する
×同情的に自分の話を始める

なぜ自分の経験談を話し始めることがよくないのでしょうか。

それは、問題を単純化してしまうからです。当事者役が投げかけた問題について、十分に観察せずに、自分の既存の枠組で解釈してはまったく対話になっていません。

安易な問題の単純化はとても危険です。自分が経験したことと、当事者役が投げかけたことが同じであるとは限らないのです。

このとき、次のような投げかけをすると、問題への観察が深められるかもしれません。

B・C・Dさん：「自分はこういう経験を過去にしたことを思い出したのですが、この経験とAさんの話していることはどこが違うでしょうか」

同情するより大切なことは、当事者役が投げかけた問題のユニークさを探求することです。

むしろ、自分の経験と同じだと同情してしまうと、そのユニークさを見ようとしなくなります。

Aさんの役に立ちたいと思うなら、一度その同情は脇に置き、投げかけられた問題のユニークさ、今までとの違いを一緒に考えることに目を向けたいものです。

そのユニークさがわかってくると、相手が語る問題に、**一緒に探検に出られます。**その過程で、具体的な方策が見えてくるのです。

6

目新しいだけで始めない

2 on 2は、形式としては少しユニークかもしれません。しかし、所詮、問題に対してのツールにすぎません。1 on 1やファシリテーション、コーチングなどと同じツールなのです。

違いは、2 on 2の場合、組織の慢性疾患を探っていく点にあります。ですから、慢性疾患のないところに、新しい方法だからやってみようと取り入れるのは、**大きな間違い**です。ニーズがないのにツールを押しつけられたら、メンバーはたまったものではありません。それこそ時間の浪費です。

あくまでも、2 on 2は、問題を感じている当事者本人、あるいは、問題を共有するメンバーが当事者として実施すべきものです。

2 on 2を失敗させる方法は簡単です。具体的な問題がないのに、メンバーに「新しい方法だからやってみよう」と無理にやらせればいいのです。

ここまで、2 on 2で陥りやすい「6つの罠」について紹介しました。

これらの多くは、実際のフィージビリティ・スタディ（実際にやってみてやり方をつくっていく作業）を重ねる中で直面した大小数々の失敗や試行錯誤の結果に基づいています。組織ごとに課題や実施の方法は様々。ぜひ自分の組織に合ったやり方を試しながら見つけていってください。

2 on 2は、次のようなことがきっかけで導入されています。

・1 on 1をしているが、毎回同じ課題が話し合われ、打開策が見えずに限界を感じているとき
・一人ひとりは頑張っているけれど、組織全体としてはうまく噛み合わず、思うような状態になっていないと感じるとき
・似たようなトラブルが頻発したとき
・明確にこれだとわからないけれど、モヤモヤした問題を感じているとき

問題がこれだとははっきりわからずモヤモヤしている。けれど、何か重苦しく、閉塞感があるときに活用できます。

明確に課題がわからないけれど、モヤモヤ感があるなら、2on2を実施する十分な条件が整っていると言っていいでしょう。

2on2を実施しながら、モヤモヤを少しずつ解きほぐして、セルフケアの手立てを発見し、組織の風景を変えていきましょう。

第 7 章

なぜ、
2 on 2を
開発したのか

1

対話を組織の中でどう実践していくか

これまで2 on 2の具体的なやり方について述べてきました。

2 on 2のやり方は、決してすべてが私のオリジナルではありません。ベースになっている研究・実践があり、それらを企業の中で実践できるように開発したものです。

もともとどのような研究・実践の背景や狙いがあって2 on 2を開発したのかがわかると、より2 on 2の狙いが明確にわかっていただけると思います。

『他者と働く』に寄せられた感想

前述したように、私は対話のプロセスを解説した『他者と働く』を2019年に上梓したのですが、その後、少なからぬ読者から、対話の「準備」がとても難しく、観察も困難であるという感想をいただきました。これに対し、何かよい方法はないか、大きな宿題として考える日々が続きました。

私の研究はナラティヴ・アプローチという対話を通じて新しいナラティヴ（解釈の枠組、生きている物語）がどのように構築されるのかに一つの関心の軸があります。

しかし、本書ではもう一つの関心についてより強調したいと思っています。

それは、**人と人が対話をする只中《ただなか》から、新たなナラティヴが生まれる**ということです。

前著では、ワークショップなどの形式に頼らず、対話は自分から始められることを強調したため、あえて人との対話からナラティヴが生成することについては強調してきませんでした。

しかし、そのために「一人で対話に挑まなければならない」と考えてしまう方が多いのだと気がつきました。そうなると、どこから手をつけたらいいかわからないので、余計に悩んでしまうことが少なくないと気づいたのです。

ここで問題なのは、他者の声をどのように取り入れるのかが難しいということではないかと思いました。これについて、もう少し詳しく説明しましょう。

自分では気づけないことを他者は簡単に気がつく理由

自分のナラティヴを脇に置く対話の準備段階が難しかったり、他者を観察することが難しかったりするとき、何が起きているのでしょうか。

自分のナラティヴ、言うなれば自分の視点の偏りがあることを自分で受け入れることが難しい、ということではないかと思います。

以前、「組織長に対して、さんざん提案しているが、全然受け入れてもらえない」方がいたので、「組織長はどんなことを言ってくるのですか？」と聞くと、「その提案を実施したら、顧客はどのくらい見込めるのか？　人員配置はどうするのか？」と言われたそうです。

そこで私は「それは、顧客見込と人員配置見込をこちらである程度算段をつけてあげたら、提案を検討できるということではないですか？」と話したら、「そんなことは考えたこともなかった」と言っていました。

この方と同じようなことは、さほど劇的な出来事でもないでしょう。

しかし、この出来事の後、なぜ他者だと指摘できるのに、自分では気づけないのだろうとじっくり考えてみました。

「自分では気づけないことを他者は簡単に気がつく」のはよくありますが、なぜかと言えば、自分とは別のナラティヴでその出来事を解釈しているからです。

自分なりに感情を棚卸しすることは意味のあることですが、一方で、棚卸し段階も含め、他者と一緒に取り組むことができたら、対話のプロセス自体がより充実したものになるだろうと思ったのです。

企業で対話を実践する難しさを痛感

私は経営から医療やソーシャルワークなどのケアまで、対話やナラティヴ・アプローチに関する実践の勉強会やセミナーなどで学ぶことがあります。こうした場で紹介される方法の意義は、大きいものがいくつもあります。

しかし、実際、こうした勉強会会場でよく質問されるのが、「ここで紹介された方法は素晴らしいと思うのですが、うちの組織では取り入れようとしてくれない。どうしたらいいですか？」というもの。これは、ケアの領域のセミナーでも同様です。

医療や福祉など、日頃から対話的な取り組みが求められる組織でも、対話を組織内で実践することが難しいとわかりました。そうすると、対話することと距離が大きい一般企業ではなおさら難しいことだと感じました。

そうした勉強会で紹介される方法は、必ずしも組織全体で承認を得なければできないものだけではありません。このような質問をする人を見ると、「まずは試してみればいいのに」と思ったりもします。

しかし、その人がそう言うにはそれなりの理由があるのでしょう。その人は試してみることに大きなハードルを感じているのです。

ここから見えてくる問題は、**知識として知っていることと実際に自分の組織で実践することには大きな隔たりがある**ということです。

特に、企業内で実践するときは、やっかいです。一般的に言う対話は、短期的な成果が出ないものだと認識されています。企業で何か新しいことをやる場合は、成果が見えないといけません。しかし、忙しくてなかなか時間を割けない。忙しいから大事なことに手がつけられない。手がつけられないから組織の慢性疾患が深刻化する。組織の慢性疾患にアプローチするには、この難問をなんとか解決しなければいけない。

つまり、「実施するためにどうするか」という問題をクリアしないと、対話を実践できません。いくら「うちの会社は短期的な成果ばかり気にして理解がない」「保守的だから」「これだからダメなのだ」と批判しても何も先に進みません。

こうしたことから、他者を交えた対話を簡便に行えること。さらに、一定の効果の実感が得られれば、企業現場でも対話のプロセスを少しは気軽に進められるのではと思いました。大切なことは、組織の慢性疾患に対してセルフケア的に続けていくことです。

では、どうやったらいいかを考えてみると、既存研究や実践の中にすでに2つの方法があることに気がつきました。

一つは、ナラティヴ・アプローチの実践研究の中で、トム・アンデルセンが開発した「リフレクティング・プロセス」という方法です。

もう一つは、北海道にある「浦河べてるの家」という精神障害ケア領域で先進的な取り組みをしているコミュニティの「当事者研究」という方法でした。

この2つの説明も交え、2 on 2の設計の意義を次項で説明したいと思います。

2

2on2を設計するうえで重視したこと

日々様々な企業の方とやり取りする中で、ビジネスパーソンの課題（悩み）は次の4点に集約されるかと思います。

1. 時間がない
2. 成果が必要
3. 何に困っているのかわかりにくい
4. 問題扱いされたくない

時間がないから気軽にできる

1については、経営者は言うまでもないことですが、マネジャークラスも日々、プレイング・マネジャー化が進み、目標数字の達成、部下育成、今後の部の戦略・実行などに悩まされています。

限られた時間でいかに組織の慢性疾患にアプローチする対話ができるかは、とても重要になってきました。

こんなときに「じっくりと慢性疾患に向き合うべきだ」と正論を並べても何も変わらないもの。そこで、2 on 2では**気軽にできることを重視**しました。

基本1時間程度ででき、ある程度の効果を実感できることを重視しました。多くのナラティヴ・アプローチの実践は長時間かけるものや、各企業での対話の取り組みも、1回3〜4時間くらいかけるものが多いでしょう。でも、そうすると、頻繁に実施して継続するのが難しくなってしまいます。

なにより2 on 2は4人集まれば、すぐできます。1 on 1より調整は必要ですが、比較的手軽にできます。

大切なのは、セルフケアを「続ける」ことです。

同時に、すぐやめられることも必要です。

あくまでも困りごとがあって対話はスタートします。気軽に「実施できる」と同時に、気軽に「やめる」選択肢もあることが大切なのです。

成果を実感できるものに

2番目に、企業では成果を挙げることが大切です。「やってみて、明らかに今まで見えていなかったものが見えた」という手応えを大切にするために大事にしたのは、**具体的な困りごとを中心に置いたこと**です。

「対話が大事だから対話しよう」ではなく、「**具体的にこんな困りごとがあるから2 on 2をやってみよう**」といった姿勢こそ重要なのです。

なぜ困りごとを中心に置くことにしたのか。2 on 2は組織の形や文化そのものといった抽象的なものを変えようとしてはいないからです。

今働いている組織に対して変えなければならないと考えている人と私もよく話しますが、じっくり話を聞いてみると、組織が問題なのではなく、その人が困っていることが問題なのです。

どういうことか。

多くの人は問題に直面すると、「それがうちの組織の問題だ」「うちの文化は悪いところがある」と組織の問題に転嫁しがちです。

しかし、それでは直面している問題に対してなんらはじめの一歩が踏み出せません。問題は山積みのままです。

このような状態を具体的に変えていくことが、セルフケアの役目です。

まずその問題に対して自分は何に困っているのかに焦点を当てることが大切です。

「部署間で仕事の押しつけ合いがあって、毎回うんざりする」といった悩みはよく耳にしますが、それを「上層部の組織設計の問題だ」「うちの会社の文化は……」といった大きな問題にしてしまっては、何も変化は生み出せません。

まず**その問題に対し、自分がどう困っているのか、何が嫌なのか、今後どうしていきたいのか。そこに目を向けていくことが、現状を変えていく一歩**なのです。

もし本当に上層部の組織設計の問題なら、上層部に働きかけていくことも大事かもしれません。案外、上層部は現場を知らなかったり、よかれと思った対処方法と現場のズレがわからなかったりするものです。

文化の問題という前に、**自分もその問題を構成する一員**という認識が持てると、大きな一歩です。

自分はその問題の外側にいるのではなく、もう一歩踏み込んでその問題のメカニズムや、自分がその問題にどう関わり、どこからアプローチできるかを探っていく姿勢が必要です。

でも、そんな面倒なことはやりたくない、もう嫌だと思っている人もいるかもしれません。その場合、それでも辞めずに頑張っているのはなぜでしょうか。

なかには、誰かに自分の努力をきちんとわかってもらいたいのに全然認めてもらえない人もいるかもしれません。その場合は、努力がなぜ伝わらないのかが困りごとでしょう。

私たちが「組織の問題だ」と思っているものは、実体があるようでありません。よく見てみれば、具体的な困りごとや問題を通じて、「これが組織のもたらす問題だ」と解釈しているにすぎないのです。

組織という実体がよくわからないものを変えようとしなくても、自分の困りごとに対して変革はできるのです。

日々の困りごとに対処していくと、「あ、なんだか最近変わったな」と実感が持てるときがきます。

そのときに、きっと「うちの会社は（うちの組織は）少し変わったな」と思えるでしょう。しかし、それは、組織自体が変わったのではなく、あなたと周りの人たちの問題に対するアプローチの仕方が変わったのです。

抽象化された「組織」を変えようとすれば、必ず挫折します。具体的な困りごとや問題に対するアプローチを変え、そこから見えてきたことを実践し続けること。これこそ、組織の慢性疾患に対するセルフケアなのです。

2 on 2はこうした成果を実感できることを大切にしました。ぜひ気軽に、マネジャーや経営者に実践してほしいと思っています。

何に困っているのかわかりにくい

3番目の「何に困っているのかわかりにくい」は、2番目とも重なります。私たちは何に困っているのか。表向きのロジックと実際の困りごとが乖離するケースが多々あります。

たとえば、「デジタルトランスフォーメーション（以下、DX）を進める必要がある」と経営者が思ったとき、経営者はDX自体に困っているのではありません。

経営者の悩みは、新規事業の打開策を見つけたい。デジタル化が遅れているが、実際何から手をつけたらいいかわからない。過去の改革もかけ声倒れでみんなが動いてくれなかった。だから、DXに鉱脈を見出したいのでしょう。

ところが、こうした困りごとは、モヤモヤしているので、一体自分が何に困っているのかわからず、どこから手をつけたらいいかはっきりしません。

手っ取り早い解決策やトレンドを課題と位置づけ、本当の困りごとについて掘り下げずに物事を進めてしまいます。

その結果、世の中のトレンドにはなっているが、自社にとって本当に意味があるのか不確かな改革に大金をつぎ込み、現場が振り回されて疲弊する悪循環は枚挙に暇《いとま》がありません。

目の前の問題は、背後にある問題を知らせてくれるアラート

悪循環は組織を蝕《むしば》み、前述した依存症を生む構図をつくっていきます。

ここで大切なことは次の2つです。

一つは、目の前で見えている問題は、背後にある問題を知らせてくれるアラートであること。

もう一つは、そのために他者の声や視点がとても重要であること。

「目の前で見えている問題は、背後にある問題を知らせてくれるアラート」とはどういうことでしょうか。

先の「DXの遅れ」は、DXが問題ではありません。組織の中で大事なことが慢性的に後回しになっており、そうしたやっかいな問題に手をつける術が見出せない慢性疾患が表面化してきているのです。

たとえば、各部署の顧客情報がバラバラで、顧客への対応がチグハグなとき、社内システムの連携のなさが問題として現れます。

しかし、背後では、部署をまたいだシステム連携にどうやって取り組んだらいいかわからなくて困っているのかもしれません。

それが「DXの遅れ」という問題として浮上してきているのかもしれないのです。

他者の声や視点がとても重要になる理由

そこで、他者の声や視点が重要になってきます。一度他者の視点を経由することで、問題がまったく違った姿として立体的に見えてくるからです。

ここで、新規事業開発にあたり、部署間で顧客情報がうまく共有されない問題を例に考えてみましょう。各部署が協力してくれない問題として当事者には見えるかもしれませんが、相手部署からすれば、共有された情報がどんな意味を持っているのかわからず、連携の意義を理解できていないのかもしれません。

こんなときに、他者の声や視点から自分たちが困っている問題が語られると、相手部署が協力しない問題の一部に自分たちが関わっていることが見えてきます。すると、情報連携の仕方、読み方、活用の仕方を少し変え、この問題への対処方法が見えてきます。自分が問題の真っ只中にいて、問題の一部を構成していると気づくことはとても大切です。

モヤモヤした問題の正体が見えれば、具体的な打ち手が自然と見えてくるからです。

問題扱いせずに「問題を外在化」する

最後に、「問題扱いされたくない」という悩みに迫りましょう。

自分が組織の問題として扱われるのは、自身のキャリアに大きなマイナスになるので、誰しも問題を表面化させたくないものです。

組織の慢性疾患は、誰か一人の問題として生じているのではなく、様々な人が絡んだ複雑な問題です。誰かのせいにして解決できる単純なものではないのです。

でも、問題が起きると、結果的には誰かのせいにします。マネジャーなら部下や経営陣のせいにし、経営陣なら、事業環境や自社の文化やマネジャーのせいにする。しかし、これでは問題が掘り下げられず、慢性疾患はますます悪化します。

あるシステム開発プロジェクトが大幅に遅延している場合を考えてみましょう。

どうやらシステム要件の定義が事前に十分できていないことが直接的要因とわかると、責任はそれに携わった人に転嫁されがちです。

ここで大切なのは、なぜその人がその行動を取ったのかを掘り下げることです。何がその人に無責任な行動をさせたのか。何か自分たちにできることはなかったのか。

大事なのは、犯人探しではなく、他者の語りを通じて問題を捉えるナラティヴを広げてみたり、問題に名前をつけ、人と問題を切り離して考えてみたりすることです。

ナラティヴ・アプローチではよく使う言葉ですが、**「人が問題なのではなく、問題が問題」**なのです。その問題がどうやって生じてきたのか。問題に名前をつけ、顔や形、色を実際に具体的に描いて、問題の生態研究をする。これが前章で触れた「妖怪研究」です。

ここまでをまとめると、次のようになります。

1. 時間がない　↓　手軽にできる
2. 成果が必要　↓　具体的な困りごとにフォーカスする
3. 何に困っているのかわかりにくい　↓　自分が問題の一部だと気づく
4. 問題扱いされたくない　↓　問題を外在化する

企業で対話を実践するには、この4点を考える必要があります。

どうぞ気軽に頻繁に2 on 2を実施してみてください。

「形から入って心に至る」こともよくあります。まずは2 on 2を半信半疑で試してみた人が「対話って意外に使えるな」と感じてくれたらと思います。

3 2 on 2が誕生した理論的背景

前述したように、2 on 2の背景にある研究には、対話の方法の観点から、臨床心理家でナラティヴ・セラピーの最も重要な実践者・研究者の一人、トム・アンデルセンの「リフレクティング・プロセス」と、浦河べてるの家で実践されている「当事者研究」の2つがあります。

リフレクティング・プロセスとは、リフレクティング（反射する、振り返ること）を利用したカウンセリング手法で、非常にシンプルです。

基本的には、2つのグループに分け、最初のグループが話をしている間、もう一つのグループは話を聞き、適宜、最初のグループともう一つのグループが話す役割を交代。今度は最初に聞いていたグループが、最初に話していたグループの会話について会話をします。

トム・アンデルセンは、もともと「家族療法」という家族を集めて行うカウンセリングのセラピスト（臨床心理家）でした。彼のやっていた家族療法の流儀では、カウンセラーチームは、ワンウェイミラー（家族側からは鏡にしか見えないが、カウンセラー側からは中の様子がわかる一方通行の特殊なガラスのこと）の後ろ側にいて、家族が会話しているのを観察し、それについて議論し、介入策を決めて話すやり方でした。

しかし、この構図は、専門家が家族を問題のある人たちと決めつけ、自分たちの解釈の枠組に家族を当てはめる極めて一方的なやり方だとアンデルセンは違和感を覚えました。

そこで、アンデルセンはワンウェイミラーをやめ、ツーウェイで互いに話していることを交互に聞き合うのを繰り返すやり方に変えました。

この場合、家族が話している間は、カウンセラーは照明を消して、カウンセラーたちが話す間は、家族側を暗くしたのです。

これは革命的でした。なぜなら、カウンセラー側が葛藤を抱えていたり、困っていたり、感情を動かされたりすることがクライアントの家族側にも共有されることになったからです。

さらに、これを見た家族が、今度はカウンセラー側の話したことについて会話をする。そして、それを聞いていたカウンセラーが今度はその家族の話したことについて会話をすることを繰り返します。

それまでの「カウンセラーがクライアントの困りごとに対して専門家として正しい答えを提示する」という考え方がここで変化しました。カウンセラーとしての困りごとに、クライアントも参加して一緒に考えていくようになり、これまでとはまったく違う関係性に変わったのです。

そうしたら、**カウンセリングの場全体で語られる内容がまったく変わってきて、今までアプローチが難しかった問題に対して、いろいろな手がかりが発見できることがわかって**きました。

つまり、カウンセラーの独話（モノローグ）としてのセラピーが、相互の対話（ダイアローグ）として展開されていくことになったのです。

自分たちの会話について相手が会話をすることで、別のナラティヴが見出され、自分の中の別の解釈に気づきながら、自分たちの会話が展開され、そのナラティヴから相手の会話が展開され……という形を繰り返していくのです。

このような様々な内外の声によって織りなされる会話の性質を「多声性《たせいせい》」と呼びますが、一つの声だったものが、多重に入り混じっていくことで、セッション前には気づかなかった新しい解釈の地平が拓け、対話の力を強く感じられるようになりました。

一方、浦河べてるの家の「当事者研究」とは、精神障害を持って生きる人たちが自分たちの病気について、病気の当事者として研究するものです。

これは、様々な障害を持つ当事者や支援者の間で広がっており、これまでにも多くの研究がなされています。

形式的には、まず自分の病気や困りごとに、医師ではなく自分自身で名前をつけてキャラクター化します。その病気がどんなときにやってくるのか。そのときどんなことを言ってくるのか。どんなときに自分に協力してくれるのかなどを自分自身でテーマを持って研究し、みんなで話し合うのです。

当事者研究の哲学を研究している東京大学の石原孝二教授は、『当事者研究の研究』（医学書院）で、研究といっても科学的な方法に基づくものではなく、「事象や実践に対して、そこに没入することなく、観察的・認識的な態度を取ること」であり、「事象に対して能動的に働きかけ（実験を行い）、その結果を観察することによって認識を得るということも含まれる」と説明しています。

研究というと、科学的に厳密な方法に基づいて行うイメージがありますが、そうではなく、**自分に起きたことを対象化して眺める**意味合いがあります。

また、精神障害の当事者は病気を持っていて、治療をするのは医療者の仕事というのが一般的な理解だと思います。

確かに、医療者は病気についての専門知識がありますが、その人の生活の中で病気がどのような意味合いを持っていたり、どのようなことが起きたりしているのかの専門家ではありません。つまり、**障害を持つ本人が、自分に起きている病気について研究するのが当事者研究の大きな特徴**です。

そのときに行うのが、**病気に名前をつける**ことです。**名前をつけることで、人と問題を切り離す**ことができます。

統合失調症などの場合、幻聴や幻覚、妄想などが特徴的ですが、自分の抱えている幻聴について、**「幻聴さん」**と名前をつけることで、問題と自分との間に少し距離を取って眺めることができます。

すると、幻聴さんが「どんなことを言ってくるのか」「どんなときに落ち着いてくれるか」「どんな形をしているか、それはどんなときに変わるか」など、疾患症状としての幻聴よりはるかに彩り豊かな観察ができるようになるわけです。

また、浦河べてるの家の当事者研究には、問題を解決すべきものではなく**歓迎する観点**から捉え直す**「主観・反転・〝非〟常識」**という標語があります。表面化した問題の背後には、もっと切実な困りごとがあり、それを表現するために問題が出てきていることがよくあります。

浦河べてるの家のもう一つの標語に、「病気はあなたを助けにきている」というものがあ

ります が、病気として表面化したこと自体、必ずしもネガティブなことではなく、反転的に意味ある出来事だというわけです。

この本では、この考え方を応用し、「反転の問いかけ」を考えてみました。

反転の問いかけとは、問題をもっと悪化させたり、別な人でも同じ障害を持てるようになるにはどうしたらいいか、と考えることです。

2つの方法は、確固たる思想に裏打ちされています。

この2つの方法と背後の思想からは、どこかに問題に対する正しい答えがあるという考え方の限界と、一方で対話することを通じて、そんなやっかいで複雑な問題にも糸口が見つけられるということが見えてきます。

なかなか解決できない難問については、対話的アプローチを試してみる価値があります。なにはともあれ、まずは企業で実践することが大事ではないかと思います。

2 on 2はあえてシンプルに、互いの話を聞き合いながら、交代するターンの設定について時間を明確に決め、反転の問いかけを入れ込むようにしました。

企業現場のみなさんとともに、さらにもっとよい方法を開発していきたいと思います。

終章

組織が
変わるとは
どういうことか

あなた自身を複雑に。

——カール・E・ワイク

1 組織は物語でできている

ここまで、日本の企業社会は組織の慢性疾患を抱えており、慢性疾患をセルフケアする方法として「2 on 2」について説明してきました。

終章では、私がこの本を通じて最も伝えたいことを述べたいと思います。

私がこの本で一番伝えたかったのは、**組織は（生きている）物語でできている**ということです。物語を別言すれば、「解釈の地平」と言えるかもしれません。物語が変わると、問題の見える地平がまったく変わります。直面している現実がまったく違うものに変わってしまうのです。

では、物語はどう変わるのか。

この物語を変えるはじめの一歩として2 on 2の方法をこの本で初めて紹介しました。

しかし、私の研究領域は経営戦略論がメインです。企業のイノベーション推進や企業変革など比較的大きな会社単位での変革です。そんな私がなぜ物語の変革や2 on 2のような現場改善を最も重視しているのか。それには理由があります。

トヨタ自動車のオウンドメディア「トヨタイムズ」に、「船橋《ふなはし》株式会社」という雨ガッパを長らく製造している会社のエピソードがあります。

同社は、国や自治体からの要請を受けて医療用防護ガウンの製造を始めます。しかし、生産量がどうしても追いつかないため、新聞紙上で協力を呼びかけました。すると、トヨタ自動車の工場で現場のカイゼン活動を担うエキスパートたちがやってきて、一日500着しかつくれなかったガウンを有志の企業連合全体で5万着つくれるようになったというのです。

100倍の生産量になったのですから、とんでもないことです。しかし、数字以上に、船橋株式会社の物語がカイゼン活動を重ねる中で変わっていく過程には、極めて興味深いものがありました。

当初、500着だった生産量が、カイゼン活動を始めて1000着、2000着とつくれるようになったところで、トヨタ自動車の一人が、「これは5000着いけますね」と言ったそうです。工場長は、「そんなの無理」と思ったそうですが、今では船橋株式会社一社だけで6000着つくれるようになりました。

それだけではありません。

同社は現在3代目が社長を務めていますが、そのご子息は家業を継ぐ気はないと、理科系の大学に進学していました。しかし、医療用防護ガウンを通じた世の中への貢献に胸を熱くし、会社を継ぐ決意を固めたというのです。

さらには、この事業をもっと発展させるべく、新会社の設立まで検討しているというではありませんか。

これは、単に、医療用防護ガウンの生産スピードが上がっただけではなく、社内で物語が変わったことを意味しているのです。

最初は「低い生産効率を改善しよう」という物語から、「より高い目標を目指そう」という物語へ変容し、最後は「もっと世の中で自分たちのできることを成し遂げよう」という物語に至っています。しかし、その過程は、自分たちだけで課題を見つめ続けてもなかなか難しく、他者が入ることによって、物語が変容していくものでもありました。これは、大きな意味で、2 on 2の構図そのものではないかと思うのです。

他者を交えながら自分たちにできることを見つけ、取り組んでいく。そうすると、組織が変わっていく。そういうことが現実に起きるのです。

ほぼ全員、最初は無理だと思っていたことに向き合い、少しずつ小さな変革を重ねていく。すると、だんだん見える風景が変わっていく。そして、自分たちの会社の在り方まで変わってくる。

「トヨタイムズ」編集長の香川照之さんが、こう述べています。

「大きなことを変えるのではなく、どんなちっちゃなことでもいい。それがちょっとでも変えれば大きな結果が変わっていく。そのことをトヨタの現場のオヤジたちは知っていて、これがトヨタ生産方式なんだ。それがいろんなとこに応用できるんだなということがわかった」

一つひとつはとても地味で目立たないけれど、たゆまぬ変革を積み重ねることで、大地をも揺るがす大きな変革へと至る過程。これこそ、私が本書を通じて読者のみなさんに取り組んでいただきたいと願うことです。

それは「トヨタだからできる」でも「対話の達人だからできる」わけでもありません。どうやったらみんなでできるようになるか、それを考えたいと思ってこの本を書いたのです。

2

その組織の物語がどう変わるか

組織が変わるとは何でしょう？
事業が変わる？
財務状態が変わる？
戦略が変わる？

その組織の物語がどう変わるか。それこそが組織が変わるということではないでしょうか。

何度も組織形態を変え、戦略を変え、事業領域を変え、人もリストラしても、何も変わった気がしない。それが繰り返されているのが今日の日本の企業です。その中で、焦り、徒労感に見舞われ、不愉快な日々をすごす我々は、いつかこの状況から抜け出せるはずだと期待し、そして裏切られ、傷ついてはいないでしょうか。

これは、毎日食事ができ、寿命も延び、きちんとした教育も受けられるようになって、本当に幸せになったかという問いと似ているのかもしれません。

私たちは、どうやって日々漂うこの空虚さと表向きの豊かさとの隔たりに橋を架けていくのでしょうか。

どうしたら意味のある変革を、確かな実感を持って成し遂げることができるのでしょうか。

3 小さくとも一歩を踏み出す

そのために私たちができることとは、何でしょうか。

それは、もう一度、コントロールを取り戻すことではないでしょうか。

コントロールを取り戻すとは、世の中でよしとされる誰かの物語を生きるのではなく、自分たちにとって手触りのある物語を組み立てていくことです。

そのためには、自分なりに目の前の問題や課題に対して、小さくとも一歩を踏み出していくことが大事です。

ただ、何かよいツールを使えばすぐに物語が変わるわけではありません。

私は、目の前の現実と向き合い、対話をしていく中で、自分自身と周りの人たちが当事者としてダイナミックに物語を変えていく。そこを描きたかったのです。

今の日本社会の閉塞感は、私たちを取り巻いている物語から生じています。だから、これを一歩ずつ変えていくことが、企業社会の変革につながるのです。

焦らず一歩ずつ着実に、手を携えて、ともによりよい実践を重ねていこうではありませんか。

その歩みは小さくとも、確実に大地を揺るがし、希望を拓く一歩になると私は信じています。

そしてそれは、企業を変革するだけでなく、あなた自身をも助けることになると思うのです。

おわりに

２０１９年12月４日は、私にとって忘れられない日です。

この日、ペシャワール会とＰＭＳ（ピース・ジャパン・メディカル・サービス）でアフガニスタンでの人道支援を続け、砂漠になった荒れ地を緑豊かな大地に変える活動を積み重ねてきた中村哲医師が銃撃を受け、亡くなりました（享年73）。

かつて私が西南学院大学に在籍していた頃、西南学院中学校出身だった中村さんが、西南学院大学で講演されました。

講演の中で、中村さんは「**恵みと和解**」という言葉を用いていました。みんなが争いをやめ、互いに和解すれば、砂漠もこんなに緑豊かな農地になる。私たちにはすでにそんな世界が与えられているのだと、ご自身の活動から切々と説かれた姿に大変感銘を覚えました。

講演後、私は茶話会で１時間半ほど中村さんとじっくりと話をする機会に恵まれました。

私は、命がけで人道支援に取り組まれ、これほどまでに大きな成果を成し遂げられたことに大きな敬意を抱くとともに、同じ人間なのになぜこんなに偉大なことができるのだろうと素朴に思いました。

そこで、私は中村さんに、どうして今のような活動をすることになったのか尋ねてみました。すると、意外な答えが返ってきたのです。

もともと中村さんは蝶が好きで、当時支援をしていた地域に近いパキスタンから医療支援の誘いがあり、珍しい蝶が見られるかもしれないと行ったのが始まりだったそうです。でも、そこで大変な状況を目の当たりにして、それから現地に関わるようになった。「神様も人使いが荒いですよね」と笑っていました。

私は、どんなに偉大な人でも、最初から偉大だったわけではない。むしろ、目の前の問題に、周りの人たちと協力しながら根気よく取り組み続け、歩みを重ねていくことが、偉大な行いとなるのだと教えられた気がしました。

それから私のように、ちっぽけで気の弱い人間ができることは一体何だろうと考えるようになりました。本書はその一歩として著しました。

これまで数多くの様々な人々の取り組みから、大きな知的、精神的後押しをいただきました。

最も大きなものは、北海道浦河町にある精神障害ケアのコミュニティ「浦河べてるの家」での実践です。浦河べてるの家で最初に行われ、全国に広まった当事者研究の取り組みからは、医学的な意味での病気を治すことではなく、その背後にある各々の人生の苦労に向き合いながら、病気や仲間とともに歩む実践を学ぶことができました。単によい実践を行うだけでなく、一定の仕組みとして整備されることで、多くの人が恩恵を受けました。これは、本書が目指したところでもあります。

また、薬物依存症ケアの研究と実践も大いに参考になりました。とりわけ、国立精神・神経医療研究センター精神保健研究所薬物依存研究部部長兼薬物依存症センターセンター長の松本俊彦先生は薬物依存症ケアのプログラムSMARPP《スマープ》(Serigaya Methamphetamine Relapse Prevention Program：せりがや覚せい剤依存再発防止プログラム)という具体的な実践の仕組みをつくり、展開されています。多くの人たちが参加できるこの取り組みは、大変素晴らしいものです。

この本で書いたこと、研究を通じてわかったことは、ごく一部です。しかし、私たちが目の前の現実で芽生えた違和感や見すごせない心の動きを、どうやって現実を変えていく力にできるのか。どうやったらその役に立つことができるのか。これからもこれをテーマに研究と実践を重ねていきたいと思います。

謝辞

本書は、数多くの方々の協力なくしては完成できませんでした。

新しい対話の方法「2 on 2」は、株式会社リクルートマネジメントソリューションズ「INSIDES」チームのみなさんとの共同研究の成果に基づいています。園田友樹さん、INSIDESチームの荒金泰史さん、飯塚彩さん、山下由佳理さん（現・株式会社マクアケ）には、私の当初のアイデアから、フィージビリティ・スタディの長いプロセスをともに歩んでいただきました。みなさんとの共同研究なくして本書を完成することはできませんでした。心から感謝いたします。

Fringe81株式会社の柳川小春さんには、2 on 2の活用面からのフィードバックだけでなく、日頃から組織の慢性疾患に関して意見交換の機会をいただいています。

福岡大学商学部経営学科講師の樋口あゆみさん、株式会社チェンジメーカーズの木内宏美さんには、原稿への貴重なコメントをいただきました。深く感謝いたします。

なお、本書で取り上げた様々なエピソードは、2 on 2のフィージビリティ・スタディやアドバイザー、講演、私信などを通じて得た情報に基づいています。エピソードについては、個人が特定されないよう慎重に記述しました。そのため、適宜、本来の所属や発話内容と改変してあることをご留意いただけたらと思います。

匿名性の担保のため名前を記すことはできませんが、2 on 2のフィージビリティ・スタディにご協力いただいた数多くのみなさまに感謝します。

最後に、ダイヤモンド社書籍編集局のみなさんには、長年にわたり、私の思索と執筆の過程に伴走していただきました。ありがとうございました。

参考文献

『組織の〈重さ〉――日本的企業組織の再点検』
沼上幹、軽部大、加藤俊彦、田中一弘、島本実著、日本経済新聞出版、2007年
『ナラティヴ実践地図』
マイケル・ホワイト著、小森康永＋奥野光訳、金剛出版、2009年
『べてるの家の「当事者研究」』
浦河べてるの家著、医学書院、2005年
『当事者研究の研究』
石原孝二編、医学書院、2013年
『リフレクティング・プロセス〔新装版〕――会話における会話と会話』
トム・アンデルセン著、鈴木浩二監訳、金剛出版、2015年
『人はなぜ依存症になるのか――自己治療としてのアディクション』
エドワード・J・カンツィアン、マーク・J・アルバニーズ著、松本俊彦訳、星和書店、2013年
『薬物依存症』
松本俊彦著、筑摩書房、2018年
『慢性疾患自己管理ガイダンス――患者のポジティブライフを援助する』
ケイト・ローリッグ、ホールステッド・ホールマン、デイビッド・ソベール、ダイアナ・ローレント、ヴァージニア・ゴンザレス、メリアン・マイナー著、近藤房恵訳、日本看護協会出版会、2001年
『その島のひとたちは、ひとの話をきかない――精神科医、「自殺希少地域」を行く』
森川すいめい著、青土社、2016年

『想定外のマネジメント〔第3版〕――高信頼性組織とは何か』
カール・E・ワイク、キャスリーン・M・サトクリフ著、中西晶監訳、杉原大輔ほか高信頼性組織研究会訳、文眞堂、2017年
『他者と働く――「わかりあえなさ」から始める組織論』
宇田川元一著、NewsPicksパブリッシング、2019年
『関係からはじまる――社会構成主義がひらく人間観』
ケネス・J・ガーゲン著、鮫島輝美＋東村知子訳、ナカニシヤ出版、2020年

［著者］
宇田川元一（うだがわ・もとかず）
経営学者／埼玉大学 経済経営系大学院 准教授
1977年、東京都生まれ。2000年、立教大学経済学部卒業。2002年、同大学大学院経済学研究科博士前期課程修了。2006年、明治大学大学院経営学研究科博士後期課程単位取得。
2006年、早稲田大学アジア太平洋研究センター助手。2007年、長崎大学経済学部講師・准教授。2010年、西南学院大学商学部准教授を経て、2016年より埼玉大学大学院人文社会科学研究科（通称：経済経営系大学院）准教授。
専門は、経営戦略論、組織論。ナラティヴ・アプローチに基づいた企業変革、イノベーション推進、戦略開発の研究を行っている。
また、大手製造業やスタートアップ企業のイノベーション推進や企業変革のアドバイザーとして、その実践を支援している。
著書に『他者と働く――「わかりあえなさ」から始める組織論』（NewsPicksパブリッシング）、『企業変革のジレンマ――「構造的無能化」はなぜ起きるのか』（日本経済新聞出版）がある。
日本の人事部「HRアワード2020」書籍部門最優秀賞受賞（『他者と働く』）。2007年度経営学史学会賞（論文部門奨励賞）受賞。

組織が変わる
――行き詰まりから一歩抜け出す対話の方法2 on 2

2021年4月20日　第1刷発行
2024年8月20日　第2刷発行

著　者――――宇田川元一
発行所――――ダイヤモンド社
〒150-8409　東京都渋谷区神宮前6-12-17
https://www.diamond.co.jp/
電話／03･5778･7233（編集）　03･5778･7240（販売）
装丁――――新井大輔
本文イラスト――村山宇希
研究協力――――株式会社リクルートマネジメントソリューションズ
校正――――鷗来堂、宮川咲
本文DTP・製作進行―ダイヤモンド・グラフィック社
印刷／製本――――勇進印刷
編集担当――――寺田庸二

©2021 Motokazu Udagawa
ISBN 978-4-478-10702-7
落丁・乱丁本はお手数ですが小社営業局宛にお送りください。送料小社負担にてお取替えいたします。但し、古書店で購入されたものについてはお取替えできません。
無断転載・複製を禁ず
Printed in Japan